新时代乡村振兴丛书

本书获内蒙古财经大学学术专著出版基金资助

王耀　张海庆◎著

大数据与土地高效利用

BIG
DATA
AND
EFFICIENT
LAND
USE

经济管理出版社
ECONOMY & MANAGEMENT PUBLISHING HOUSE

图书在版编目（CIP）数据

大数据与土地高效利用 / 王耀，张海庆著. -- 北京：
经济管理出版社，2025.6. -- ISBN 978-7-5243-0069-4

Ⅰ. F301.24-39

中国国家版本馆 CIP 数据核字第 2025X1Q142 号

组稿编辑：王光艳
责任编辑：王光艳
责任印制：许　艳

出版发行：经济管理出版社
　　　　　（北京市海淀区北蜂窝 8 号中雅大厦 A 座 11 层　　100038）
网　　　址：www. E-mp. com. cn
电　　　话：(010) 51915602
印　　　刷：北京市海淀区唐家岭福利印刷厂
经　　　销：新华书店
开　　　本：720mm×1000mm /16
印　　　张：14.5
字　　　数：238 千字
版　　　次：2025 年 6 月第 1 版　　　2025 年 6 月第 1 次印刷
书　　　号：ISBN 978-7-5243-0069-4
定　　　价：68.00 元

前言

　　随着信息技术的快速发展，大数据已成为各行各业普遍关注的焦点。在土地利用与管理领域，大数据的引入不仅改变了传统的利用和管理方式，还为实现土地资源的高效配置和可持续利用提供了前所未有的机遇。在土地资源管理方面，大数据技术的应用为土地高效利用提供了新的思路和方法，并且是提升土地高效利用与管理的关键驱动力。大数据技术的运用，能够实现对土地资源的全面、精准监测和评估，从而更加科学地制定土地利用策略。在土地资源日益紧张的背景下，优化土地利用结构，提升土地利用效率，不仅能缓解土地供需矛盾，还能为经济社会可持续发展提供有力支撑。大数据能够助力政府制定科学合理的土地利用政策，引导土地资源向高效、集约利用的方向发展。大数据技术的应用能够更好地推动土地利用方式向更加高效、可持续的方向转变。

　　在大数据时代下，数据的收集、处理和分析能力都得到了显著提升，为土地资源的合理配置和高效利用提供了新的思路和方法。本书共七章，第一章为引言，概述了大数据技术的迅猛发展，大数据对社会各领域的影响，以及大数据在土地管理领域的应用，介绍了研究目的与方法，然后分析了大数据在土地利用管理研究中的应用。第二章为大数据在土地资源评估中的应用，介绍了土地资源评估的概念和目的，分析了大数据在土地资源评估中的应用及其效果，重点探讨了大数据在土地资源评估中的数据源和技术，以及未来发展趋势。第三章为国土空间规划与大数据的融合，主要介绍了大数据技术在国土空间规划中的应用，大数据技术助力国土空间规划转型，分析了可持续国土空间规划的影响因素。第四章为大数据助力农业领域的土地高效利用，主要介绍了大数据在农业土地管理中的应用，大数据助力农田提取智能化和数字化趋势，大数据助力农业管理的有效途径，以及大数据在农业生产中的应用研究综述。第五章为大数据背景下城市土地的高效利用，探讨了城市化对土地利用的影响，分析了大数据在城市土地规划中的应用，提出了城市化背景下大数据助力的土地高效利用策略及城市可持续发展的土地利用模型。第六章为大数据有效平衡环境保护与土地利用管理，分析了大数据对土地生态系统的监测和保护机制，探讨环境变化对土地利用的影响，提出了大数据助力可持续土地管理的策略和实践，以及土地管理中的社会责任。第七章为土地高效利用管理的未来展望与挑战，分析了大数据发展趋势与土地高效利用的未来，以及可能面临的挑战和难题。

本书创新性地将大数据技术与土地资源管理相结合，从跨学科的角度对土地高效利用进行了深入探索，突破了传统土地资源管理研究的局限，为土地资源管理领域带来了新的研究思路和方法。本书通过引入大数据思维和技术手段，为土地高效利用提供了新的解决方案和优化路径，并在理论层面进行了全面而深入的探索，构建了基于大数据的土地高效利用理论框架。这一框架不仅涵盖了大数据技术在土地利用决策、规划和管理中的应用原理，还深入剖析了大数据对土地高效利用的影响机制。这一创新性的理论框架为相关领域的研究提供了重要的理论支撑和指导。利用大数据分析技术，本书对土地利用数据进行了深入挖掘和分析，为研究提供了丰富的思路支持。这种创新性的研究方法使研究结果更客观、准确，提高了研究的科学性和可靠性。

目录

第一章
引　言

在当今数字化飞速发展的时代，大数据的崛起为各个领域都带来了深刻的变革，从商业到科学，从医疗到交通，大数据的应用无处不在，正深刻地影响和推动着社会的发展。大数据的本质在于海量的、高速的、多样的信息，这些信息呈现出前所未有的复杂性和多样性，给传统的数据处理和分析方式提出了新的挑战。土地管理领域也不例外，大数据的引入不仅为土地资源的高效利用提供了新的机遇，也带来了前所未有的挑战。深入研究大数据助力中国土地高效利用的理论与实践，以期为政府决策者提供科学的决策支持，推动中国土地管理领域的创新与发展。

第一节　背景介绍

一、大数据在现代社会中的崛起

大数据的崛起源于数字化时代的来临。随着互联网的普及和各类智能设备的广泛使用，庞大的数据量也在不断地产生和积累。社交媒体、在线购物、智能城市等方面都成为数据源的重要组成部分。这些海量数据的储存、管理和分析成为一项复杂而迫切的任务，促使人们寻找新的技术和方法来更好地利用这些信息。大数据的三个核心特征——"3V"（Volume，Velocity，Variety），即巨大的数据量、高速的数据生成和多样的数据类型，使得传统的数据处理和分析方式显得力不从心。因此，大数据技术应运而生，并涌现出一系列解决方案，包括分布式计算、云计算、人工智能等。这些技术的发展为数据的采集、存储、处理和应用提供了全新的可能性。

大数据技术的发展与普及，给社会各个领域带来了变革和影响。大数据的崛起不仅改变了数据处理和管理的方式，还对社会、经济和科技的发展产生了深远的影响。大数据被不断应用在土地管理、城市规划、农业生产等各领域。

（一）大数据技术的迅猛发展

大数据技术的兴起标志着信息时代的深刻变革，与传统数据相比，大数据规模庞大、多样化且生成迅速，这源于数字化生活、互联网的普及，以及各类传感器技术的广泛应用。大数据处理需要强大的计算能力，云计算和分布式计算等新技术的发展使海量数据的存储和分析变得更为高效。新型数据处理技术的涌现，如 Hadoop、Spark 等开源框架的出现，为大数据的存储、处理和分析提供了更加灵活和可扩展的解决方案。

（二）大数据对社会各领域的影响

大数据技术的广泛应用对社会产生了深远的影响：大数据分析为企业提供了更深入的市场洞察、客户行为分析，支持决策制定、精准营销等方面的优化；大数据在医疗领域的应用推动了个性化医疗、疾病预测和药物研发等方面的创新；大数据支持城市规划、交通管理、环境监测等项目的提升，推动城市朝智能、高效、可持续的方向发展。大数据还被不断应用在土地管理、城市规划、农业生产等领域。

（三）大数据在土地管理领域的应用

在土地管理领域，大数据技术正逐步展现出强大的推动力。首先表现在土地利用规划的精细化上，大数据通过对土地利用现状的全面监测，支持规划者更精准地制定土地利用规划，以适应城市化和农业发展的需求。其次表现在资源监测与管理上，利用遥感技术、传感器等，大数据能够实现对土地资源的实时监测，有助于及时发现并解决潜在问题，提高资源的可持续利用水平。最后表现在农业生产的智能化上，大数据分析结合气象、土壤、植被等多源数据,为农民提供精准的农业指导,优化种植方案、施肥计划,提高农业生产效益。这一系列的变革与创新标志着大数据时代在土地管理领域的崭新篇章,为推动土地资源的科学管理和高效利用提供了前所未有的机遇。

二、大数据对土地管理的影响

大数据为土地管理带来全方位变革,通过整合多源数据,提升土地利用规划科学性、监测精准性与决策合理性,助力耕地保护与资源评估,促进土地资源高效利用与可持续发展。

首先,大数据的广泛应用使土地资源的监测和评估变得更加准确和实时。通过分析各类传感器、遥感(Remote Sensing,RS)技术及互联网平台收集的数据,更全面、立体地了解土地的利用状况,为科学决策提供强有力的数据支持。

其次,大数据技术的运用极大地提高了土地利用规划的精准度。通过对大规模数据的深度挖掘和分析,能够更好地理解土地的空间分布、土地类型及土地潜在的用途。这为城市和农村土地规划提供了更科学的依据,有助于合理布局土地资源,提升土地利用的效率。

最后,大数据的引入还催生了土地市场的创新。通过数据驱动的市场机制,能够更加精准地判断土地的市场价值,促进土地资源的合理交易和配置。这为土地市场的健康发展提供了新动力与可能性。

然而,大数据也带来了一系列的挑战,数据隐私、信息安全、数据质量等问题亟待解决。因此,在充分利用大数据的同时,需谨慎应对相关挑战,以确保土地管理的可持续性和健康发展。

三、土地利用管理的重要性和挑战

土地是人类社会发展的基础资源,其直接关系着农业生产、城市建设、生态环境等多个方面,土地的高效利用对实现可持续发展目标至关重要。然而,随着人口的增长、城市化的加速和工业化的推进,土地利用面临日益严峻的挑战。

城市扩张对土地利用提出了更高的要求。城市人口的增加导致对住房、基础设施和服务设施的需求不断上升，加剧了土地的开发和利用压力。如何在有限的土地资源上实现城市的可持续发展，成为摆在我们面前的难题。农业生产也在不断追求高效利用土地的方式。随着技术的发展，大规模农业生产的实现需要更有效的土地管理和规划，在满足食品需求的同时减少对自然资源的过度开发。土地的生态环境需要得到更加细致和全面的考虑。过度的土地利用可能导致生态平衡破坏，影响生物多样性，对可持续发展构成潜在威胁。

在这一背景下，大数据技术的引入为土地利用提供了前所未有的机遇。通过对大数据的采集、分析和应用，能够更好地理解土地的利用状况，制定科学的土地规划和管理策略，推动土地资源的高效利用，实现经济、社会和环境的可持续发展。在这个意义上，深入探讨大数据背景下土地高效利用的理论、方法和实践，对解决当代土地利用面临的重大问题具有强有力的现实作用。

第二节　研究目的、意义与方法

一、研究目的

政府决策者在土地管理中扮演着重要的角色，土地管理决策直接影响土地的合理利用、社会经济的发展和国家的可持续性。因此，深入了解大数据时代下中国土地高效利用的理论与实践，帮助政府决策者更科学地制定土地管理政策，推动土地资源的合理配置是当前亟须解决的问题。

通过深入研究大数据在土地利用中的应用，全面了解现代社会背景下土地利用所面临的挑战，并寻找创新性的解决方案。具体目标包括探索大数据技术如何提高土地资源评估的准确性和效率；理解大数据在土地规划和智能决策中的作用，提高土地利用的可持续性；分析大数据在农业和城市土地管理中的应用，为高效利用土地提供科学依据；研究大数据对环境保护与土地管理的影响，促进土地生态系统的可持续发展；推动大数据在政策制定和法规执行中的应用，制定更加科学、合理的土地管理政策。

二、研究意义

土地利用问题是全球可持续发展的重要议题，大数据的广泛应用为解决这一问题提供了前所未有的机遇。

首先，通过对大数据时代土地管理的深入研究，为政府决策者提供更加准确和全面的信息。这有助于他们更科学地把握土地利用的实际情况，制定更符合实际需要的政策。提高土地资源评估的准确性和效率，为科学决策提供更加可靠的数据支持。促进土地规划和智能决策，实现土地利用的可持续发展，平衡城市发展和环境保护之间的关系。推动农业和城市土地管理的现代化，提高土地利用效率，保障粮食安全和城市可持续发展。保护土地生态系统，减缓环境变化，促进生态平衡。为政策制定提供科学依据，提高土地管理政策的科学性和可行性。

其次，聚焦政府决策者的实际需求，明确研究方向和重点，使研究成果更具实际应用性。在理论研究的同时，注重解决实际问题，使研究不是仅停留在学术层面，而是更具有指导决策和推动实际应用的实践性。

最后，将理论与实践相结合，为政府决策者提供可行的解决方案。通过构建理论框架，深入分析实际问题，提供实际问题的解决方法，推动土地管理领域的创新与发展，促进土地资源的高效利用。大数据为中国土地管理注入了新活力，为决策者提供了更科学的支持，推动了土地资源的可持续利用，实现了经济、社会和环境的协同发展。

三、研究方法

(一)研究方法的选择

1. 文献综述法

通过查阅国内外有关土地整治和乡村建设的文献，总结出有利于我国土地综合整治的方法和措施。

2. 实地调查法

采用问卷调查、座谈会等方式,深入研究区域土地利用存在的问题及农民的期望,为土地综合整治方案的设计提供参考。

3. 定量与定性分析法

定量分析与定性分析是相互补充的,定量分析是定性分析的基本前提。本书基于大数据应用,结合文献研究、经验判断、实地调查对土地利用的效率进行定性分析,明确两者的作用关系,同时构建多目标规划模型,对土地利用结构进行调整优化,对空间布局进行优化配置。

（二）研究数据的可靠性

为确保研究结果的可信度,本书将采取以下措施:选择来自可靠数据源的数据,确保数据的真实性和准确性,使用先进的数据分析工具和算法,提高数据的处理效率和分析精度;结合实地调研和 RS 技术,对数据进行多维度的验证,确保研究结果的可靠性。

（三）研究的局限性

尽管采用了多种研究方法来深入探讨大数据在土地利用中的应用,但研究仍然存在一定的局限性:数据获取受到一定的限制,无法涵盖所有地区和场景,模型的建立和仿真受模型参数和假设的制约,可能存在一定的不确定性,由于时间和资源限制,研究可能无法对所有可能的因素进行全面考察;通过在研究过程中不断反思和讨论,尽可能减小这些局限性对研究结果的影响。

第三节　大数据在土地利用管理研究中的应用

大数据对土地高效利用管理的影响涵盖多个方面,包括土地资源评估、土地规划与智能决策、农业领域的土地高效利用、城市化背景下的土地高效利用、环境保护与土地高效利用管理等。

一、土地资源评估

大数据技术在土地资源评估方面的应用十分广泛。首先，通过收集 RS 数据、地理信息系统（Geographic Information System，GIS）数据及其他相关数据源，更全面、更实时地了解土地的利用状况，为土地资源评估提供更加精准的基础数据。其次，利用大数据分析技术，快速有效地对土地资源进行量化和分类，识别潜在的土地利用问题，为科学决策提供依据。通过整合多源数据，可以构建复杂的土地资源评估模型，提高土地评估的准确性和可信度。

二、土地规划与智能决策

大数据在土地规划和智能决策中的应用主要体现在以下几个方面：首先，大数据技术可以对城市化、人口流动等趋势进行分析，为城市土地规划提供科学依据。其次，基于大数据的智能决策系统能够更好地考虑多元化的因素，如经济、环境、社会等，使土地利用更加综合和可持续。最后，通过模拟不同决策方案的效果，智能系统能够辅助决策者制定最优土地规划策略，提高土地利用的效率。

三、农业领域的土地高效利用

在农业领域，大数据的应用为提高土地利用的效率提供了重要支持。首先，通过监测气象、土壤质量等数据，大数据技术可以精准地进行农业生产管理，包括种植计划、施肥方案等。其次，农业物联网的发展使大量传感器数据可以得到实时采集，帮助农民更好地了解土地状况，实现精准农业。最后，通过大数据分析，能够识别出不同地块的最佳利用方式，提高农业生产的效益和产量。

四、城市化背景下的土地高效利用

随着城市化的加速，土地高效利用成为城市可持续发展的核心问题。

大数据在城市土地利用研究中的应用主要体现在以下几个方面：首先，通过分析城市人口、交通流、土地利用结构等多源数据，能够更好地理解城市发展的动态，为城市规划提供科学依据。其次，大数据技术可以帮助城市优化土地资源配置，提高土地的利用效率，缓解城市拥堵和环境污染问题。最后，通过构建城市土地利用模型，能够预测城市发展趋势，为未来的城市规划提供参考。

五、环境保护与土地高效利用管理

大数据在环境保护与土地高效利用管理方面的应用，对实现可持续发展目标至关重要。首先，通过监测大数据可以实时追踪土地利用变化对生态系统的影响，帮助管理者制定环保政策。其次，通过分析大数据，能够识别出可能对土地生态系统造成威胁的因素，并采取针对性的措施，保护生物多样性和生态平衡。最后，大数据可以用于监测自然灾害对土地的影响，以达到提前预警，降低灾害风险。

第二章

大数据在土地资源评估中的应用

在土地资源评估中，大数据提供了前所未有的机遇，以全面、准确、实时的方式理解和管理土地。通过整合 RS、GIS、气象、土壤样本等多源数据，大数据技术不仅使土地的特征和变化趋势得到清晰的展示，还为决策者提供了科学决策的基础。机器学习和深度学习等先进算法的应用，使土地类型分类、变化监测等任务更加智能化和高效化。多数实际案例展示了大数据在欧洲土地覆盖监测和中国智慧农业中的成功应用，为环境保护、可持续农业和土地规划等提供了强大支持。总体而言，大数据在土地资源评估中的应用不仅提高了数据的质量和时效性，还为土地管理提供了更深入、更全面的视角，推动了土地的科学利用和可持续发展。

第一节 土地资源评估的概念和目的

一、土地资源评估的概念

土地资源评估是对特定区域内土地的数量、质量、可利用性，以及土地的自然和人为特征进行系统分析和评价的过程，涵盖土地的物理性质、生态环境、土地用途和土地所有权等多个方面。土地资源评估旨在全面了解土地的状况，为科学决策提供数据支持，以确保土地的可持续利用。

土地资源评估的关键是收集、整理和分析各种土地信息，可以借助多种技术手段，如 RS、GIS、全球定位系统（Global Positioning System，GPS）等，绘制出详细的土地资源分布图，为决策者提供直观的参考。这一概念体现了对土地作为有限自然资源的认识，以及其在社会、经济和生态系统中发挥的重要作用。

二、土地资源评估的目的

（一）量化土地资源

土地资源评估的首要目的是对土地资源进行量化，即了解土地的数量、分布、类型等基本信息。通过对各种数据源的综合利用，包括卫星遥感图像、土壤样本数据、气象数据等，可以获得对土地资源的全面描述。这有助于识别适宜不同用途的土地，为土地规划和管理提供基础数据。

（二）评估土地质量

土地资源评估的另一重要目标是评估土地的质量，包括土地的肥力、排水性、适用性等方面。这需要通过实地调查、采样和实验室分析等手段，获取关于土壤性质和土地质量的详细信息，有助于农业部门确定最佳的土地利用方式，优化农业生产结构。

（三）确定土地的可利用性

土地资源评估的目的之一是确定土地的可利用性，即土地适用于哪些特定的经济、社会或环境。分析土地的自然特征、气候条件、水资源等因素，能够为不同类型的土地制定合理的利用规划，确保土地达到最佳利用效果。

（四）支持土地规划和管理决策

土地资源评估的终极目的是为土地规划和管理提供科学依据。通过评估土地资源的数量、质量和可利用性，决策者可以制定合理的土地管理政策，促进土地的可持续利用。包括合理划定土地用途、推动农业可持续发展、规范城市化进程等。

总体而言，土地资源评估通过全面了解土地状况为科学决策提供数据支持，有助于平衡社会、经济和环境的关系，从而推动土地的高效利用和可持续发展。

第二节　大数据在土地资源评估中的数据源和技术

一、大数据在土地资源评估中的数据源

（一）卫星遥感数据

卫星遥感数据是土地资源评估中不可或缺的数据源之一。卫星传感器能够获取高分辨率、多光谱的遥感图像，并以此提供全球范围内的土地覆盖、植被覆盖、土地利用变化等信息。这些数据可用于制作土地利用/覆盖图、监测土地变化趋势，为土地资源评估提供空间信息的基础。

（二）地理信息系统数据

GIS 数据包括地形、地貌、地势等与土地相关的空间数据。这些数据可通过卫星、测绘等手段获取，再结合卫星遥感数据，可构建详细的地理信息数据库。GIS 数据在土地资源评估中的应用主要体现在地理空间分析方面，如土地分布、土地类型划分等。

（三）土壤样本数据

对土壤样本进行采集和实验室分析，可以获取土壤的理化性质，包括有机质、氮、磷、钾等物质的含量。这些数据有助于评估土地的肥力和适宜性，并为农业生产的合理规划提供基础。

（四）全球定位系统数据

GPS 技术可以提供土地实地调查的位置信息，确保数据的准确性和可靠性。在土地资源评估中，GPS 数据可用于标定土地边界、记录土地用途、进行地物调查等，提高数据的时空分辨率。

（五）气象数据

土地资源评估需要考虑气象因素对土地的影响，包括降水、温度、湿度等。气象数据可以通过气象站、卫星遥感等途径获取，可以为土地资源评估提供气象背景，帮助理解土地利用与气象变化之间的关系。

二、大数据在土地资源评估中的技术

（一）测绘技术在土地资源管理中的应用

1. 土地调查和测量

在进行土地调查和测量前，需要准备地理资料，如地形地貌图、遥感影像图、土地利用图等，然后通过实地勘测获取原始的地形和地貌信息。测绘时要借助测绘仪器进行水准测量、三角高程测量、坐标测量等操作，处理和筛选采集到的实地勘测数据，生成准确的地图和测量报告，并提取土地利用、土地类型、土地面积等关键信息，为土地管理和决策提供支持。土地调查和测量的结果可应用于土地管理、土地规划、土地征收、土地评估等领域，为土地资源管理者提供准确、全面的土地信息。

2. 土地利用监测

土地利用监测是指通过对土地利用变化进行连续、系统、动态的监测和分析，评估和预测土地利用状况和趋势，为制定土地利用规划和策略提供科学依据。这项工作的主要目的是掌握土地利用变化情况，分析土地利用现状和变化趋势，评估土地利用效益和资源承载力，为土地管理和决策提供科学依据。土地利用监测主要依靠 RS 技术和 GIS 技术进行日常操作，其中 RS 技术可获取不同时间点的遥感影像，分析土地利用变化情况和趋势；GIS 技术可对监测数据进行处理、分析和评估，生成相关的图表和报告。同时，土地利用监测需要进行实地调查，以验证 RS 监测结果的准确性和完整性。土地利用监测可以帮助政府和社会了解土地利用变化的原因、趋势，制定并完善土地利用规划，促进土地资源的合理利用和保护。

3. 土地测绘技术

土地测绘技术在土地资源评估中扮演着重要角色，土地测绘技术主要包括土地资源调查、土地资源评价、土地利用类型确定、土地利用布局设计、土地规划方案评估和土地规划方案审批等。通过野外实地勘查和数据查询获取土地资源的相关信息，并对其进行评价和分类。根据土地资源的质量、需求和政策等信息，确定土地利用的类型和布局，包括用途分区、道路交通布局、绿化设施等。通过对土地资源进行评估，可以更好地实现对土地资源的合理开发和利用。

（二）大数据处理技术

土地资源评估所涉及的数据往往庞大且多样，因此需要利用大数据处理技术来有效存储、管理和分析这些数据。分布式计算、云计算、并行计算等技术能够提高数据处理的效率和速度，确保对大规模数据的高效处理。

土地资源资产本身具有资产投入量大、消费频率低、价值链条长的行业特点，其对信息的利用效率决定了未来发展决策的能力与水平。当前，自然资源资产评价正处于发展的关键时期，全面掌握相关信息有利于对当前局势与企业未来发展作出正确判断，科学地应用大数据技术能够让企业对现有形势与需求进行细致的了解并做出明确的判断。土地资源评估是一项重要的工作，评估人员会根据土地的规格、所在位置、土地特征等情况对土地的价值进行衡量与判断。在此过程中，掌握一系列土地交易资料是基础条件，由于土地资源本身的特殊性，土地资源评估工作存在一定的复杂性。在进行房地产评估时，数据等能够勘测到的信息比较容易确定，但区域经济价值、实际使用效益、使用者品牌价值等难以进行实际衡量，且这方面的评估较为重要，因此，原有的数据利用模式存在较大的局限性，主要受信息体积与获取方式影响。大数据技术的应用能够妥善解决这一问题。房地产评估是一个非常典型的数据密集型行业,在土地评估工作过程中要以大量的数据信息为基础,对土地进行全面评估。在此过程中,要综合考虑各类影响因素,因此,大数据技术非常适用于此项工作。在分析大数据技术对土地资源评估的影响时,直接分析大数据技术的优势难以得到直观的体会,将其与传统数据形式进行分析对比则能够更充分地显示大数据的优势。在土地资源评估时应用传统的数据分析模式需要耗费大量的时间与成本,且最终难以获得有效的参考结果,这主要是数据分析速度与数据来源单一性造成的,而大数据技术能够有效解决这些问题。

在进行具体评估时,相关人员要根据开发土地的规模、具体的地理位置及各项特点等信息对其价值进行全面且细致的分析与评估。在土地资源评估工作中运用大数据技术,无须各项与土地相关的数据信息,且无须投入较多的时间与资源便可完成收集工作。但是,与土地经济价值与开发商品牌价值等相关的信息收集工作具有一定的难度,若继续沿用传统数据搜集方式,不仅在实践工作中难度较大,甚至最终会影响评估结果的准确性。应用大数据技术进行房地产评估可以有效提高评估质量与效率,利用先进的数据筛选技术可以实现对各种信息数据的筛选,保证信息的真实性与合理性,为后续土地评估工作奠定良好基础。以热分析技术为例,此项技术能够帮助企业快速作出战略反应,该技术主要以大数据技术为基础,对城市的发展价值区域、价值洼地等作出数据地图的分类评价。

云计算技术可以提供强大的计算和存储能力,支持对大规模土地数据的处理和分析。边缘计算则通过将计算任务分布到数据源附近的边缘设备,减少数据传输时间,提高数据处理的实时性。将这两者相结合,能够有效提高土地资源评估的实时性和效率。数据挖掘技术可用于从大规模土地数据中挖掘隐藏的关联规律和模式。聚类、分类、关联规则挖掘等方法可以更深入地理解土地资源的分布特点和变化趋势,为科学决策提供更多信息。

(三)GIS 技术的应用

1. 数据采集

GIS 数据采集主要包括 RS 技术和地面测量两个方面。RS 技术作为获取地球表面信息的手段,通过卫星或航空器搭载的传感器捕捉地表反射或辐射的电磁波，根据不同波长的响应识别地表各种特征，如土地覆盖类型、植被状况、水体分布等。RS 技术在动态监测方面具有独特优势，能提供连续的时间序列数据，并以此有效追踪环境变化或土地利用的演进，相较于传统测量方法可覆盖更广阔的区域，提高数据获取效率，监测到人类难以到达的地区。与 RS 技术相辅相成的是地面测量，它是获取地表精确数据的直接方法。地面测量通常利用全站仪、GPS 和激光扫描仪等工具，可以精确测量地面特定点位的位置信息，对校正和验证遥感数据至关重要，可以确保数据的准确性和可靠性。例如，在制作高精度地形图时，地面测量数据提供关键的基准点，帮助解释和校准由 RS 技术获得的大范围数据。遥感数据和地面测量数据的综合应用使 GIS 在多个领域，特别是在国土管理中发挥着不可替代的作用，为决策者提供了强有力的数据支持，增强了其对地球表面变化的理解和管理能力。

2. 数据处理

数据处理阶段涵盖数据整合、分析与解释三个核心环节，数据整合是这一阶段的初步步骤，旨在将从不同来源获取的数据汇总至共同的平台，将遥感数据与地面测量数据结合，保障数据格式的转换和坐标系统的统一，确保数据的一致性和互操作性，为后续的分析提供坚实基础。数据分析是 GIS 的核心，通过各种空间分析方法和模型，提取地理数据的空间分布特征、模式识别、趋势预测等信息。例如，通过空间插值分析预测未测量区域的属性值；利用网络分析，优化交通路线或服务设施的布局；GIS 还能进行多维数据分析，如时间序列分析，这些对理解和预测环境变化尤为重要。数据解释是将分析结果转化为可理解和可操作的信息，要求对数据本身有深入理解，并考虑到数据背后的地理现象和社会经济环境，以及数据的不确定性和可能的误差来源，以确保提供的信息准确、可靠。

3. 地图制作与可视化

地图制作与可视化是指将收集和分析的数据转化为直观、易于理解的图形，在设计阶段需综合考虑目标受众、用途及展示的空间尺度，要能够清晰地传达地理信息，同时避免过度装饰导致信息混乱。地图绘制应选择合适的投影方法、符号系统和颜色方案，地图投影的选择对准确传达空间信息至关重要，影响着地理特征的表示方式；地图的比例尺和解析度直接关系到地图的详细程度和使用范围；符号系统和颜色方案的选择需平衡美学和功能性，确保地图既引人注目又易于解读。随着技术的进步，地图制作已不再局限于静态的纸质地图，而是扩展为动态的数字地图和三维可视化地图。数字地图允许用户与地图进行交互，如放大、缩小和平移，甚至可以展示时间序列数据，展现地理现象随时间的变化情况。三维可视化技术可以从多个角度和维度展现地理信息，为用户提供更加生动和直观的空间体验。地图的最终目的是传递信息，因此地图制作的所有阶段都必须密切关注其信息传达的有效性，确保数据的准确性、地图元素的可读性及整体设计的逻辑性。地图的清晰度和易读性对确保地理信息被正确理解和使用至关重要，因此，地图制作需要基于大数据不断评估和调整地图的设计，以确保其既满足美学要求，又具有高度的功能性。

4. GIS 在土地生态评估中的应用

GIS 在识别生物多样性热点方面发挥着关键作用，通过收集和分析生态数据，揭示不同物种的地理分布、栖息地条件和物种丰富度等信息，确定生物多样性的高值区域，识别出人类活动或自然变化导致的生物多样性热点区域，使环保机构和研究人员能有效规划自然保护区，实施针对性保护措施。GIS 在分析和评估重要的自然栖息地和受威胁的生态系统方面表现出色，可以对特定地区的地貌、气候、土壤类型、水文条件等环境因子进行综合分析，评估生态系统的健康状况。例如，GIS 能够帮助确定受城市化、工业污染或气候变化影响的脆弱生态区域，为制订恢复计划和管理策略提供支持。生态系统服务如空气净化、水源涵养、土壤保持等，是自然生态系统对人类福祉的重要贡献，GIS 技术能够评估不同生态系统提供的服务价值，以及这些服务受到的潜在威胁。然而，GIS 在国土管理中的应用也面临一定的挑战，包括数据质量的保证、技术更新的速度与应用的广度，以及相关人员的专业培训等。为充分发挥 GIS 在环境监测与生态评估中的作用，需要持续提升数据采集的精度，加强跨学科合作，推广先进的 GIS 技术，并且提供专业的 GIS 教育和培训，以培养更多具备高级 GIS 技能的专业人才。GIS 技术在生态评估中的应用提高了环境管理的效率和精确度，促进了对环境变化和生态系统功能的深入理解，并且持续的监测、动态的分析和科学的评估使环境保护和生态管理更加有根据、有目标，为可持续发展提供了重要支持，在促进生态文明建设和保护自然环境方面不可或缺。例如，GIS 可以实现土地利用变化监测，预测土地利用需求，优化土地利用布局，提高土地利用效益。测绘技术在土地分配和土地征收过程中也起到关键作用。对土地进行详细的测量和评估，可以明确土地的适宜性和利用价值，为土地分配提供科学依据。同时，在土地征收过程中，测绘技术可以帮助确保土地权益的合法性和公正性，减少不必要的争议和纠纷，保护土地资源的合理利用。

综合利用上述数据源和技术，可以使大数据在土地资源评估中提供更加全面、准确、实时的信息，为科学决策提供有力的支持。

第三节　土地资源评估中大数据的应用研究

随着城市化的迅猛推进和土地资源的日益紧张，土地评估工作在城市规划与土地管理领域扮演着越发关键的角色。以往的土地评估手段受限于样本资料及基于经验的主观判断，导致评估结果可能不够精确且缺乏科学性。然而，大数据技术的飞速进步为土地评估领域开辟了新的可能。借助大数据技术，自然资源管理部门能够处理并分析庞大的土地相关数据集，揭示数据间隐藏的联系，为土地评估提供更加全面且精确的信息支撑。因此，深入探究大数据技术在土地评估中的实际应用，不仅具有重要的理论价值，也具备迫切的实践需求。

一、大数据技术在土地资源评估中的应用

大数据技术的迅速发展为土地评估提供了全新的解决方案和方法。大数据技术以其强大的数据处理和分析能力，为土地评估提供了更加全面、准确的数据支持，使土地评估更加科学化、精准化。

(一)数据收集与整合

数据收集与整合是土地评估中至关重要的一步，而大数据技术的应用

为这一过程带来了革命性的改变和提升。在数据收集方面，传统的方法包括调查问卷、实地勘察等，这些方法往往耗时费力，且容易受地域限制。随着大数据技术的发展，利用互联网、传感器等渠道可以实时获取大量的土地相关数据。例如，通过卫星遥感技术可以获取高分辨率的土地影像数据，无人机技术可以提供更加细致的土地信息，如植被覆盖情况、地形地貌等。这些数据的获取不仅速度快、覆盖面广，而且能够实现对大范围土地的全面监测和采集。在土地评估领域，土地利用动态监测系统可以通过卫星遥感数据，实现对土地利用情况的动态监测和分析。例如，通过对城市扩展和农村建设用地变化进行监测，政府可以及时了解土地资源的开发和利用状况，为土地利用评估提供动态实时的参考。在数据整合方面，大数据技术的应用为传统的数据整合方式带来了革新。传统的土地数据往往分散在不同的部门、不同的系统，存在数据孤岛和数据标准不统一的问题。然而，大数据技术通过数据集成、数据挖掘等手段，可以将不同来源的数据整合到统一的平台中，实现数据的共享和交互。例如，自然资源部门、生态环境部门等可以将各自收集的土地数据整合到统一的土地信息系统中，实现对土地资源的综合管理和利用。数据收集与整合是土地评估的重要环节，大数据技术的应用为这一过程带来了巨大的便利和效率（见图2-1）。随着大数据技术的不断发展和应用，可以预见数据收集与整合过程将会更加自动化、实时化，并能够为土地评估提供更加全面、准确的数据支持。

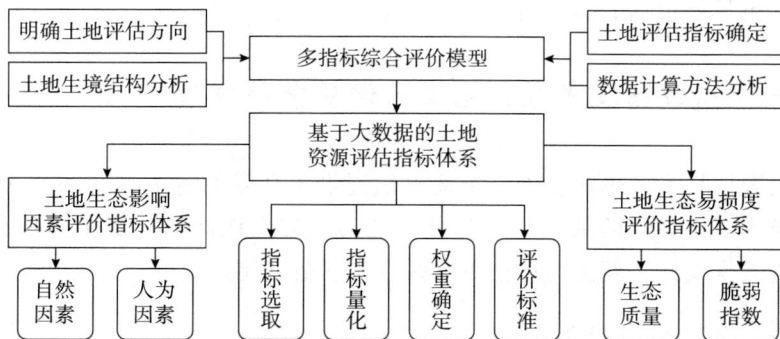

图2-1 基于大数据的土地资源评估数据整合

（二）数据挖掘与分析

数据挖掘与分析作为大数据技术在土地评估中的核心环节，发挥着至关重要的作用。数据挖掘技术可以从海量的土地数据中挖掘出有价值的信息，为土地评估提供科学依据和决策支持。

聚类分析是一种常用的数据挖掘方法，可以将数据分成不同的类别，帮助人们理解数据的结构和特征。在土地评估中，聚类分析可以用来对土地利用情况进行分类，揭示不同地区土地利用的特点和规律。例如，利用聚类分析技术，可以将城市、农村和工业园区等不同区域的土地划分为不同的类别，从而帮助政府部门和规划者了解土地利用的空间分布特征，为土地评估提供科学依据和可靠基础。

关联规则挖掘是一种发现数据之间相关关系的方法，可以帮助人们理解数据之间的联系和相互影响。在土地评估中，关联规则挖掘可以用来发现土地利用之间的相关关系，揭示土地利用的驱动因素和机制。例如，通过分析城市化对周边土地利用的影响，可以发现城市化过程中土地利用的空间扩展规律和影响因素，为城市规划和土地管理提供决策支持。

分类预测是一种利用历史数据和现有条件对未来情况进行预测的方法，可以帮助人们预测土地未来的利用情况和价值变化趋势。在土地评估中，分类预测可以用来预测土地的未来利用类型和市场价值，为土地开发和投资决策提供参考。例如，分类预测可以评估预测未来某一地区土地的开发潜力和投资回报率，帮助开发商和投资者制定合理的土地开发策略和投资计划。数据挖掘还可以帮助人们发现土地评估数据中的异常点，及时发现土地资源的浪费和滥用现象，为土地资源的保护和管理提供决策支持。例如，通过对土地利用变化的监测和分析，人们可以发现土地的非法占用、违法开发等行为，并及时采取相应的措施加以治理和整改。数据挖掘与分析在土地评估中扮演着重要角色，为土地资源的合理利用和经济社会的可持续发展提供了强大的支持(见图2-2)。未来，随着数据挖掘技术的不断发展和应用，可以预见数据挖掘与分析在土地评估中的应用将会更加广泛和深入，能够为土地资源的科学管理和优化配置提供更加强有力的支撑。

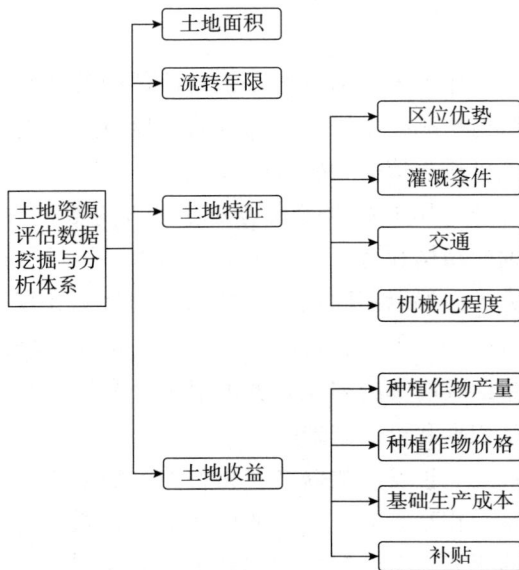

图 2-2　土地资源评估数据挖掘与分析体系

（三）智能决策支持

智能决策支持是大数据技术在土地评估中的重要应用，它通过分析海量的土地数据，为土地规划、开发等决策提供科学建议，从而促进土地资源的合理利用和经济社会的可持续发展。本部分将进一步扩展对智能决策支持的讨论，并结合实际案例进行说明。基于大数据技术的土地评估系统可以利用先进的模型和算法对土地数据进行深入分析，从而提供智能化的决策支持。例如，可以利用机器学习和数据挖掘技术构建土地开发潜力评估模型，通过分析土地利用变化、地形、地貌等多方面数据，预测土地未来的利用情况和价值变化趋势。同时，可以利用大数据技术构建土地市场价值评估模型，通过分析土地价格、市场需求等数据，预测土地的市场价值和投资回报率。这些智能化的模型和算法可以为土地规划、开发等决策提供科学依据，提高决策的准确性和效率。大数据技术还可以为土地评估提供多维度、多角度的分析和可视化展示，帮助人们更好地理解土地数据和分析结果，从而更加有效地制定决策和规划。例如，可以利用数据可视化技术将土地利用、土地所有权、土地规划等多个方面数据以图表、地图等形式直观展现出来，帮助决策者全面了解土地资源的利用状况和空间分布特征。同时，可以利用多维度分析技术对土地数据进行多角度的分析，以发现数据之间的关联关系和影响因素，为决策提供更加全面和深入的参考。

虽然我国地大物博，但人口众多，土地资源分布不均，土地利用和开发面临多方面的挑战。根据这一基本国情，中国政府倡导绿色发展理念，提出了生态文明建设的目标。为了实现土地资源的可持续利用和生态环境的保护，各地自然资源管理部门积极探索利用大数据技术进行土地利用综合评估。例如，福建省利用大数据技术构建了土地资源综合评估系统，通过分析土地利用变化、土地生态价值等数据，为土地规划和生态保护提供决策支持；上海市利用大数据技术建立了土地市场监测与预警系统，通过分析土地交易数据和市场需求数据，及时发现土地市场的波动和风险，为土地交易和投资决策提供参考。智能决策支持是大数据技术在土地评估中的重要应用，它通过分析土地数据，为土地规划、开发等决策提供科学建议，为土地资源的合理利用和经济社会的可持续发展提供强大的支持。随着大数据技术的不断发展和应用，智能决策支持将会在土地评估领域发挥越来越重要的作用，为实现土地资源的可持续利用和生态文明建设作出更大的贡献。

随着我国进一步加大探索利用大数据技术进行土地评估和土地管理的力度，各地在这一领域取得了一系列的丰硕成果和实践经验，有效地改善了我国部分地区土地资源丰富但土地资源不均衡、不可持续利用的尴尬局面。

二、大数据技术在土地资源评估中的未来发展趋势

大数据技术在土地评估领域的应用已经取得了一系列的成果，但也面临一些挑战和问题。随着大数据技术的不断创新和发展，可以预见未来在以下几个方面将会出现更多的突破和进展。

（一）数据质量与完整性的提升

数据质量与完整性作为大数据技术效能发挥的核心要素，在土地评估

领域正面临前所未有的提升契机。随着土地数据采集与处理技术的发展，土地数据的质量与完整性将迈入一个全新的高度。卫星遥感与无人机技术的革新应用，正逐步增强土地数据的空间与时间分辨率，这不仅意味着数据精度的飞跃，也确保了数据能够更迅速地反映土地现状，提升了数据的时效性。GIS与数据库技术的持续进步，为土地数据的整合与共享铺设了更为顺畅的道路，使数据间的无缝对接与一致性维护成为可能，极大地丰富了数据的完整性。技术进步正在以前所未有的力度重塑土地数据生态，为大数据技术在土地评估中的深度应用奠定了坚实的基础。

（二）智能化数据分析与决策支持

随着人工智能与机器学习领域的蓬勃进步，大数据技术在土地评估领域的数据解析与决策辅助功能正朝着更高层次的智能化与自动化方向迈进。深度学习技术的精进将促使土地利用分类算法实现前所未有的精确度与高效率，使系统能够自主、准确地辨识并归类不同的土地利用类型；强化学习技术的革新将推动土地规划优化算法达到更高程度的智能性与灵活性，从而动态、最优地调配与利用土地资源。这些技术革新预示着大数据技术将在土地评估领域发挥更加关键的作用，为土地资源的科学管理与合理规划提供强有力的支持。

（三）多源数据融合与交互分析

随着多源数据融合与交互分析技术的持续演进，大数据技术在土地评估领域的数据集成与交互能力将显著增强。先进的多模态数据融合手段能够将各类土地数据（包括卫星遥感数据、无人机拍摄的影像数据及地面监测数据等）进行高效整合，为土地资源提供一个全面、多维度且跨尺度的分析视角。数据交互分析技术的运用能够实现数据间的动态交互与直观可视化，这不仅极大地提高了人们对土地数据及其分析结果的理解程度，还为决策者和规划者提供了更为丰富、精准的决策依据，助力他们制定出更加科学、合理的土地管理和规划策略。

（四）数据安全与隐私保护的强化

在大数据技术应用于土地评估的过程中，数据安全与隐私保护构成了不可或缺的重要防线。随着数据安全技术和隐私保护策略的日新月异，土地评估领域的数据安全与隐私防护将迈入更为坚固与完善的阶段。先进的加密技术与精细的权限控制机制，能够有效地构筑起一道坚固的数据保护屏障，确保土地数据的机密性与隐私性不受侵犯，有力遏制数据外泄与非法使用的风险。区块链技术与可信计算技术的革新将实现土地数据的可信共享与全程可追溯管理，这不仅大幅提升了数据的可信度与透明度，还为土地资源的科学评估与合理规划奠定了坚实的技术基础，让大数据技术在保障数据安全与隐私的前提下，更好地服务于土地评估的未来发展。

简单来说区块链就是一个账本，由许多区块以链的形式连接起来，它将数据存放在区块当中，利用链式结构、时间戳技术及密码学技术，实现数据区块之间的连接，验证区块的有效性。区块链因其去中心化、自治性、安全可靠性及公开透明性等特点，被广泛应用于各个领域，尤其是在电子存证方面，因此其有望应用于土地评估系统。

(五)行业协同与跨界合作的加强

土地评估涉及土地、规划、房产、交通、市政等多个领域和行业，需要不同部门和机构之间的协同合作和信息共享。未来，随着行业协同与跨界合作的加强，可以预见大数据技术在土地评估中的应用将会更加广泛和深入。例如，政府部门、科研机构、企业单位等可以共同参与土地评估项目，共享数据资源和技术经验，实现对土地资源的全面监测和管理；土地评估领域的专家、学者和大数据技术领域的专家、学者可以加强交流与合作，共同推动大数据技术在土地评估中的创新与应用。

通过对土地数据的收集、整合、挖掘和分析，大数据技术为土地评估提供了更加全面、准确的数据支持，实现了土地评估的科学化、精准化。随着大数据技术的不断创新和发展，可以预见大数据技术将在土地评估中发挥越来越重要的作用，将为土地资源的合理利用和经济社会的可持续发展作出更大的贡献。

第三章

国土空间规划与大数据的融合

　　土地规划与智能决策在大数据时代迎来了革命性的变革。大数据技术能够实现对土地资源更全面、精准的评估，从而为规划者和决策者提供科学依据。通过卫星遥感、GIS、气象、土壤等多源数据的综合利用，使土地的物理特征、生态环境和利用状况得以呈现。机器学习和深度学习等算法的运用，使土地类型分类、变化趋势分析等任务更加智能、高效。实时监测、预测模型的建立，使农业、城市规划等领域的决策过程更加灵活。大数据为土地规划与智能决策带来了新的可能性，推动了土地资源的高效利用和可持续发展，为未来的城乡规划和农业生产提供了技术支持。

第一节　大数据契合国土空间规划的发展

　　大数据在国土空间规划中扮演着至关重要的角色，其不仅是一种强大的技术工具，还是推动国土空间治理现代化、实现资源高效配置与可持续发展的重要引擎。通过深度挖掘、整合并分析海量的空间地理数据、社会经济数据、人口流动数据及环境监测数据等多源信息，大数据为规划者提供了前所未有的宏观视角与微观洞察，从而使规划决策更加科学、精准和高效。在国土空间规划的各个阶段，大数据的应用都展现出了独特的价值。在规划初期，大数据帮助识别土地资源利用的潜力与"瓶颈"，预测城市发展趋势，为确定规划方向与目标提供坚实的数据支撑。在规划编制过程中，大数据促进了多源数据的融合与共享，构建了统一的国土空间信息平台，提升了规划的协同性与可操作性。同时，借助大数据的实时监测与动态评估功能，规划实施的效果得以及时反馈，为规划调整与优化提供了科学依据，确保了规划方案能够灵活适应经济社会发展的实际需求。

大数据的应用推动着国土空间规划向智慧化、精细化方向转型。通过数据驱动的决策支持系统，规划者能够更准确地把握城市发展的脉搏，实现资源的高效配置与环境的可持续发展。此外，大数据还促进了规划过程的公开透明，增强了规划的社会认同感和实施效果，为构建人与自然和谐共生的美好家园奠定了坚实基础。大数据在国土空间规划中的应用不仅提升了规划的科学性、准确性和可操作性，还为推动国家治理体系和治理能力现代化、实现经济社会高质量发展提供了有力支撑。随着大数据技术的不断发展和完善，其在国土空间规划中的作用将会更加凸显，也将为国家空间治理体系的变革与创新注入新的活力。

一、国土空间规划的定义和目标

(一)国土空间规划的定义

国土空间规划是指一个国家或地区的政府部门对所辖国土空间资源和布局进行的长远谋划和统筹安排。它是国家空间发展的指南、可持续发展的空间蓝图，也是各类开发、保护、建设活动的基本依据。国土空间规划旨在实现对国土空间的有效管控及科学治理，促进发展与保护的平衡，确保国土资源的合理利用和配置，避免资源的浪费和滥用。

(二)国土空间规划的目标

1. 合理利用和配置国土资源

通过科学规划，合理地利用和配置土地、水、矿产等自然资源，实现资源的可持续利用。随着人口增长和工业化、城市化进程的加速，资源需求日益增加，而资源的供给相对有限，甚至部分资源(如某些矿产)属于不可再生资源。因此，通过科学规划，合理地利用和配置这些资源，避免过度开发和浪费，是实现资源可持续利用的前提。城市与乡村、发达地区与欠发达地区在资源禀赋、经济基础、社会发展等方面存在差异，科学规划能够根据不同地区的实际情况，制定差异化的资源利用策略，从而促进区域间的协调发展，缩小发展差距，实现全国经济的均衡增长。不同的产业对资源的需求不同，通过科学规划，将资源密集型产业布局在资源丰富的地区，将技术密集型产业布局在科技实力雄厚的地区，有助于发挥各地优势，提高资源使用效率，促进产业升级和转型。通过技术创新和制度创新，提高资源开采、加工、利用和回收的效率，减少资源浪费和环境污染，是实现绿色发展和循环经济的必然要求。科学规划能够引导和支持技术创新和制度创新，推动资源使用方式的根本转变。国土空间规划通过制定区域发展战略和规划，促进区域内的协调发展，缩小地区间的差距，实现全国范围内的均衡发展，这有助于增强国家的整体实力和竞争力。

2. 促进经济社会的可持续发展

国土空间规划作为引领国家经济社会发展的战略性、基础性和约束性规划，其核心目标在于推动经济社会的全面、协调与可持续发展。通过精心设计与优化空间布局，国土空间规划旨在提升区域竞争力，为经济的高质量增长奠定坚实基础，并在此过程中，确保经济发展与环境保护的和谐共生。

从提升区域竞争力的角度来看，国土空间规划通过合理配置空间资源，优化生产力布局，促进区域间的优势互补与协同发展。这包括根据各地的资源禀赋、经济基础、发展潜力等因素，科学划分功能区，引导产业集聚与升级，从而形成具有核心竞争力的产业集群和经济增长极；通过优化空间结构，提升资源利用效率，降低生产成本，增强区域经济的整体实力和竞争力。

另外，国土空间规划在推动经济高质量增长的同时，始终将生态环境保护置于重要位置。规划注重保护自然生态空间，维护生物多样性，严格控制开发强度，防止过度开发和无序扩张。国土空间规划通过划定生态保护红线、永久基本农田保护红线等，确保重要生态系统和基本农田都能得到有效保护。同时，规划倡导绿色发展理念，推动形成绿色生产方式和生活方式，积极促进资源节约和循环利用，减少环境污染和生态破坏。

国土空间规划还注重协调经济发展与环境保护之间的关系，努力实现两者的良性互动。规划通过构建生态补偿机制、实施环境容量总量控制等措施，激励和引导各类经济活动向更加环保、低碳的方向发展。同时，规划还注重提升公众的环保意识和参与度，积极促进形成全社会共同保护生态环境的良好氛围。

国土空间规划在推动经济社会全面发展的过程中，既注重提升区域竞争力，实现经济的高质量增长；又注重保护生态环境，确保经济发展与环境保护的协调与平衡。这一规划理念不仅体现了对经济发展的高度重视，更体现了对生态环境保护的深刻认识与坚定承诺。

3. 提升人民生活质量

国土空间规划作为指导和调控国土空间开发、保护、修复及利用活动的重要手段，其目标不仅在于促进经济社会的全面发展，更在于优化城市和农村的居住环境，切实提升人民的生活质量和生活水平。改善居住条件是国土空间规划的重要目标之一。在城市，规划通过优化居住用地布局，增加住宅用地供应，推进老旧小区改造和棚户区改造，为居民提供更加安全、舒适、便捷的居住环境。同时，注重绿色建筑和节能技术的应用，提升住宅的能效和环保性能，减少能源消耗和环境污染。在农村，规划则强调保护农村生态环境，优化村庄布局，改善农村住房条件，提升居民的生活品质。

完善基础设施和公共服务设施是提升城乡居住环境的关键。在城市方面，规划致力于构建高效、便捷、安全的城市基础设施网络，包括交通、供水、供电、供热、通信、排水等。同时，加强教育、医疗、文化、体育等公共服务设施的建设，以满足居民多样化、高品质的生活需求。在农村方面，规划则注重提升农村基础设施水平，改善农村交通、水利、电力等条件，加强农村公共服务设施建设，缩小城乡差距，让农村居民也能享受到现代化的基础设施和公共服务。

提升城市品质和乡村风貌也是国土空间规划的重要任务。在城市方面，规划注重塑造城市特色，保护历史文化遗产，提升城市文化内涵和审美价值。同时，加强城市绿化、美化、亮化工作，改善城市生态环境，提升城市宜居性。在农村方面，规划强调保护乡村自然景观和人文风貌，推进美丽乡村建设，提升乡村生态环境质量，打造具有地域特色的美丽乡村。

国土空间规划通过优化城市和农村的居住环境，改善居住条件，完善基础设施和公共服务设施，以及提升城市品质和乡村风貌等多方面的实践，切实提升了人民的生活质量和生活水平。这一规划理念不仅体现了以人为本的发展理念，更彰显了国家对城乡居民生活品质的深切关怀和不懈追求。

4. 构建国土空间治理体系

国土空间规划致力于构建完善的国土空间治理体系，包括规划编制审批体系、规划实施监督体系、法规政策体系和技术标准体系等。这些体系的建立有助于提升国土空间治理的效率和水平，确保规划的有效实施。国土空间规划是一项具有战略性和长远性的工作，其目标是实现国土资源的合理利用、经济社会的可持续发展、人民生活质量的提升及区域间的协调发展。科学合理的规划可以推动经济社会的全面进步和国家的可持续发展。

二、大数据技术在国土空间规划中的应用

(一) 数据收集与分析

1. GIS

GIS 作为一种专门用于空间数据的存储、分析及可视化处理的强大工具，其能够将土地利用、基础设施布局、环境因素及社会经济数据等多维度的地理空间信息整合到一个综合的数据库中。通过 GIS，规划工作者可以轻松地叠加并分析这些图层，从而揭示出潜在的模式、趋势和关联性，为土地利用决策和空间政策的制定提供宝贵的参考信息。

GIS 能够助力规划工作者根据土地的适宜性、交通便利性、环境约束条件及地方规章制度等多重因素，精准确定各类土地利用的理想位置。他们可以利用 GIS 创建土地利用地图，追踪土地覆盖随时间的变化，并对未来的土地利用情景进行建模预测，为土地利用规划提供科学依据。GIS 在交通网络、公用事业和公共设施的管理与规划中同样发挥着重要作用。通过深入的空间关系分析、路线规划优化及基础设施差距或缺陷的识别，GIS 能够帮助规划工作者更加科学地进行交通网络规划、基础设施选址及

环境影响评估等工作。GIS 还是自然资源评估与监测的重要工具。借助 GIS，规划工作者可以深入分析资源分布的空间模式，评估环境的脆弱性，并据此制定有效的保护策略，从而实现自然资源的可持续管理。GIS 在灾害管理领域也展现出了巨大的应用价值。通过绘制灾害易发区域地图、评估风险暴露程度、制订疏散计划，GIS 能够在灾害的预防、准备、响应和恢复阶段发挥至关重要的作用。规划工作者可以利用 GIS 确定灾害缓解措施的优先顺序，合理分配资源，并协调灾害多发地区的应急响应工作，从而提高整体的灾害应对能力。

2. RS 技术

遥感作为国土空间规划领域的一项关键技术，其通过卫星遥感图像、航空摄影和激光雷达等手段，为规划应用提供了极为丰富且宝贵的数据资源。这些遥感数据以其高分辨率的图像和详尽的空间信息，极大地丰富了 GIS 数据集的内容，并显著提升了空间分析与决策过程的精确度和可靠性。

RS 技术在国土空间规划中的具体应用展现出了其强大的实用价值和深远的影响力。首先，规划人员可以充分利用遥感数据的光谱特性和空间模式，对土地覆盖类型进行精细分类，如城市区域、农田、森林和水域等。这不仅有助于规划工作者实时监测土地覆盖随时间的变化情况，还能有效评估景观破碎化的程度，并准确识别出环境退化的具体区域。RS 技术为规划工作者提供了在大空间范围内获取环境参数的途径，包括植被健康状况、水质状况和空气污染程度等数据。这些数据对深入了解环境变化、分析生态系统动态、评估人类活动对自然生态系统的影响具有至关重要的意义。通过遥感数据分析，规划工作者能够更加科学地制定生态保护策略，促进生态系统的平衡与可持续发展。

RS 技术还在基础设施测绘方面发挥着重要作用。规划人员可以利用遥感数据对城市和农村地区的基础设施进行精确测绘，包括道路、建筑物和公用设施等。这不仅有助于更新基础设施数据库，还能及时发现基础设施的漏洞和潜在风险，为维护和升级项目提供有力支持。RS 技术在自然灾害预警与应对方面也展现出了其独特的优势。通过分析地形特征和植被覆盖情况，规划人员能够识别出容易发生自然灾害的区域，如洪水易发区、山体滑坡危险区和野火高风险区等。在此基础上，规划工作者可以生成灾害地图，评估风险暴露程度，并制定相应的应对策略，以最大限度地减少自然灾害对人类社会和自然环境的影响。

RS技术以其独特的数据获取能力和高精度的空间分析能力，在国土空间规划领域发挥着举足轻重的作用。随着技术的不断进步和应用领域的不断拓展，RS技术必将在未来的国土空间规划中发挥更加重要的作用。

（二）可视化和绘图工具

1. 3D建模软件

在国土空间规划的复杂领域，3D建模软件作为一种强大的工具，为规划工作者提供了一个在三维空间内深入探索与精准呈现建筑环境的平台。这一技术不仅极大地丰富了空间理解的维度，还显著提升了利益相关者的参与度，为设计与决策过程提供了坚实的支撑。以下是3D建模软件在国土空间规划中的具体应用，其逻辑性与深度得到了进一步的强化。

3D建模软件为规划工作者提供了一个直观且全面的视角，使他们能够深入洞察并可视化拟议的城市开发项目。通过这项技术，规划工作者可以细致地评估项目对周边环境的视觉影响，并据此优化建筑设计参数，如高度、密度和方向等。此外，利用3D建模软件可以构建城市景观、街景及公共空间的虚拟模型，这些模型不仅有助于规划工作者的内部沟通，还能作为获得利益相关者反馈的重要媒介，从而对替代设计方案进行全面而深入的评估。3D建模软件在建筑设计、场地布局及建筑原型可视化方面展现出巨大潜力。它使建筑师、开发人员及规划工作者能够在虚拟环境中自由探索与调整设计方案，从而更加精准地传达设计理念，识别潜在的设计缺陷，并有效推进设计审查流程。这种虚拟化的设计过程不仅提升了工作效率，还显著降低了在实际建设中的风险与成本。

3D建模在交通基础设施、公用设施及公共设施的规划设计中发挥着至关重要的作用。通过可视化基础设施的路线、交叉点及空间关系，规划工作者能够模拟交通流，评估视线条件，并据此优化基础设施的配置与布局。这一技术的应用不仅提高了设施的安全性，还增强了城市整体的运行效率与宜居性。3D建模软件在文化遗产、历史建筑及考古景观的记录保存与保护方面同样展现出非凡的价值。规划工作者可以利用这一技术创建遗产资产的数字化重建、修复计划或虚拟游览，从而以更加生动、直观的方式展现历史文化的魅力。这些数字化成果不仅有助于提升公众对历史文化的认知与兴趣，还为文化遗产的保护与传承提供了有力的技术支持。

3D 建模软件在国土空间规划中的应用不仅具有广泛的适用性，还展现出强大的逻辑性与深度。它以自身独特的优势，为规划工作者提供了一个全面、直观且高效的规划与设计平台，为构建更加美好、宜居的城市环境提供了有力支撑。

2. 虚拟现实技术

虚拟现实（Virtual Reality，VR）技术作为一种前沿的交互工具，深刻地改变了规划领域的空间可视化、体验式学习及参与式决策方式，这项技术应用展现出高度的逻辑性与深度影响力。以下是 VR 技术在规划过程中的具体应用，经过优化表达，可以更加凸显其核心价值。

VR 技术为规划过程开辟了一个全新的参与平台，使利益相关者、公民及决策者能够以前所未有的方式深度介入规划讨论。通过举办虚拟规划研讨会、公众咨询及参与式设计练习，参与者得以沉浸在精心构建的虚拟环境中，亲自探索并体验拟议的开发项目。这种身临其境的互动不仅激发了参与者对设计偏好的直观表达，还促进了他们对土地使用选项和政策优先事项的深入思考与反馈，从而增强了规划决策的民主性与科学性。VR技术在场地分析与评估方面展现出显著优势。规划工作者能够利用 VR 技术虚拟检查开发场地、景观及自然特征，实现三维空间内的精确测量与模拟。通过模拟场地条件、评估视觉影响及测试设计干预措施，规划工作者能够更加直观地理解场地潜力与限制，进而优化场地布局，确保开发活动在环境影响最小化的前提下进行。这不仅提升了规划的专业性，还增强了规划的可持续性。

VR 技术为多学科团队的协作提供了强大的支持。在共享虚拟环境中，规划工作者、建筑师、工程师及利益相关者能够实时可视化、注释并讨论规划建议，实现信息的无缝交流与整合。相较于传统的二维工程图或物理模型，VR 技术使团队成员能够更直观地理解设计方案，更有效地解决设计冲突与问题，从而加速规划审核流程，提升规划效率与质量。VR 技术在教育培训领域同样发挥着重要作用。它为规划工作者、学生及专业人士提供了一个沉浸式的学习环境，使他们能够在虚拟环境中深入探索国土空间规划理念、城市设计原则及规划技术。这种身临其境的学习方式不仅提升了学习者的实践操作能力，还加深了他们对规划理论与实践的深刻理解，为培养新一代规划人才奠定了坚实的基础。

VR 技术在规划过程中的应用不仅展现了其强大的技术实力，更体现了其对于提升规划科学性、民主性、可持续性及效率的重要价值。随着 VR 技术的不断发展与普及，其有望在规划领域产生更加广泛而深远的影响。

(三) 决策支持系统

1. 模拟与场景规划

通过模拟模型与场景规划工具的应用，规划工作者可以在复杂的国土空间规划环境中，以更为严谨和更具前瞻性的视角测试政策选项，并全面评估不同规划决策对国土空间未来发展的潜在影响。模拟模型在评估政策干预、监管变化及发展战略的潜在影响方面发挥着关键作用。规划工作者能够借助这些模型构建不同的政策情景，并量化其对土地利用模式、经济增长及环境可持续性等关键绩效指标的具体影响。在这一过程中，规划工作者不仅能够识别出政策实施前的权衡与潜在后果，还能为政策优化提供数据支持，从而确保政策的科学性与有效性。模拟模型在支持风险评估与管理方面同样展现出强大能力。通过模拟潜在危害、脆弱性，以及其对基础设施、社会和生态系统的影响，规划工作者能够更准确地评估缓解措施的有效性，制订更为周全的应急计划，并优先关注复原力建设措施。

场景规划工具为规划工作者提供了探索未来、可视化空间场景及比较不同发展路径结果的强大手段。决策支持系统能够生成多个基于不同假设和条件的场景，并向决策者和利益相关者清晰地传达与每个场景相关的权衡、不确定性及潜在影响。这一过程不仅增强了规划的前瞻性与灵活性，还能促进不同利益群体之间的有效沟通与达成共识，为制定更为稳健的规划方案奠定基础。模拟模型在预测未来趋势、人口变化及大趋势影响方面发挥着不可或缺的作用。通过建模城市化、全球化及技术创新等宏观趋势对国土空间的影响，规划工作者能够明确未来的理想愿景，并据此设定战略目标。这不仅有助于规划工作者把握时代脉搏，还能为制定长期发展规划提供科学依据，确保国土空间规划的可持续性。

模拟模型与情景规划工具的应用不仅提升了规划的科学性与有效性，还增强了规划的适应性与稳健性。在未来的国土空间规划实践中，这些工具将继续发挥重要作用，为构建更加美好、可持续的城市与乡村环境贡献力量。

2. 人工智能算法

人工智能（Artificial Intelligence，AI）算法在国土空间规划领域的应用，为数据处理与决策支持带来了革命性的变革。AI 先进的数据分析能力能够高效地处理、解读海量的空间数据，并从中提炼出有价值的信息，极大地提升了规划流程的效率和精确度。

AI 算法擅长对空间数据进行深度挖掘，揭示土地利用模式和社会经济指标的内在规律。通过运用机器学习和模式识别等先进技术，规划人员能够精确地对土地覆盖类型进行分类，预测城市化的趋势，并敏锐地捕捉到环境退化的早期信号。这些功能为规划工作者提供了丰富的数据支持，有助于他们更全面地理解国土空间的发展现状和潜在问题。AI 算法在预测建模方面展现出强大的实力。基于历史数据、人口趋势和社会经济驱动因素，规划工作者利用 AI 算法可以构建精准的预测模型，以模拟土地利用变化、预测人口增长趋势，并提前规划城乡地区的基础设施需求。对回归分析、神经网络和基于代理的建模等方法的应用，使规划工作者能够更准确地预测未来情景，为国土空间规划提供科学的依据。

AI 算法在优化空间决策方面发挥着关键作用。通过设定预定义的目标、约束和偏好，算法能够智能地推荐最佳解决方案和替代方案，从而解决选址、路线优化、资源配置等复杂的国土空间优化问题。遗传算法、群体智能和优化算法等先进技术的应用，使规划工作者能够在众多可能性中找到最优解，从而实现国土空间资源的合理配置和高效利用。AI 算法还具备实时监控和自适应管理的能力。通过近乎实时地处理流数据、传感器观测数据和地理空间信息，规划工作者能够迅速响应土地利用、交通和基础设施系统的发展变化。数据融合、异常检测和预测分析等技术手段的应用，使规划工作者能够实时监控环境条件、检测新兴趋势，并据此调整规划策略，以确保国土空间管理的科学性和有效性。

AI 算法在国土空间规划领域的应用不仅提高了数据处理的效率和准确

性，还为规划决策提供了更为科学、全面的支持。随着技术的不断进步和应用场景的不断拓展，AI 算法将在未来的国土空间规划中发挥越来越重要的作用。

第二节　大数据技术助力国土空间规划转型

数字技术的不断深化使既有的规划思维、技术和手段难以适应当前快速变化的自然资源管理需求，如何实现国土空间规划全面革新是当前亟须解决的问题。虽然学术界已敏锐洞察到国土空间规划全面革新的紧迫性，从多个学科维度多方面地展开了深入探讨，积累了一系列理论与实践成果，但针对数字技术如何驱动国土空间规划全面革新的具体趋势与策略研究尚显不足。基于我国国土空间规划改革的痛点，本节分析了基于数字技术的国土空间规划全面革新的方向和趋势，找到了国土空间规划过程中存在的问题，并提出了全面革新的策略，为保障国家发展空间、维护生态环境、推进自然资源治理现代化提供了一定的理论支撑与科学依据。

2023 年，在全国生态环境保护大会上，习近平总书记明确指出，"深化人工智能等数字技术应用，构建美丽中国数字化治理体系，建设绿色智慧的数字生态文明"。同年，《数字中国建设整体布局规划》明确提出，到 2025 年数字生态文明建设取得积极进展。绿色化与数字化的深度融合为生态文明建设注入了新的活力与可能，引领人类社会稳步迈向一个全新的文明形态——数字生态文明时代。在这个时代，数字技术不仅成为推动生态文明建设的重要力量，还与绿色发展理念紧密相连，共同塑造着人类社会的未来图景。

作为生态文明建设的关键驱动力，空间规划的作用越发显著。《中共中央　国务院关于建立国土空间规划体系并监督实施的若干意见》，清晰地界定了国土空间规划的战略角色，即作为国家空间发展的指南、可持续发展的空间蓝图及各类开发保护建设活动的基本依据。步入新时代，国土空间规划的科学指导和强大推动力促使中国的生态文明建设在理论与实践层面均实现了历史性、转折性和全局性的飞跃。2024 年印发的《自然资源数字化治理能力提升总体方案》明确了以构建美丽中国数字化国土空间治理体系为总体目标，为大数据生态技术助力国土空间规划全面革新提供了方向指引。

一、基于数据技术的国土空间规划全面革新的方向

长期以来，规划领域的职能碎片散布于众多部门之间，并由此引发了规划类型繁多、内容相互冲突和重叠的复杂局面，这一问题始终制约着我国的国土空间管理。为了应对这一挑战，2018年3月，国家成立自然资源部，肩负起实施"多规合一"改革的重任，旨在重新构建和优化国土空间规划体系。经过多年的不懈努力，自然资源部在推动"多规合一"和重构国土空间规划体系方面取得了显著成效（见图3-1）。这一探索与实践不仅有效解决了过去规划职能分散、类型繁多、内容冲突的问题，还显著提升了国土空间规划的科学性、系统性和可操作性。新的体系不仅充分展示了国家对国土空间规划的高度重视和坚定决心，还彰显了自然资源部在推动规划体系重构和规划管理水平提升方面的卓越能力和巨大贡献。

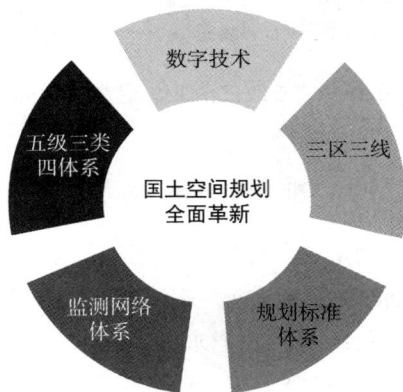

图3-1　基于数字技术的国土空间规划全面革新模式

(一)确立"五级三类四体系"的总体框架

为达成全国范围内统一规划、权责明确及科学高效的目标，我国精心

设计了"五级三类四体系"的总体架构，以全面革新国土空间规划体系。从规划的层级与具体内容来看，"五级"紧密贴合我国的行政层级结构，自上而下涵盖了国家级、省级、市级、县级及乡镇级。如图 3-2 所示，编制审批、实施监督、法规政策及技术标准这四个子体系相互支撑、协同运作，共同推动着国土空间规划体系不断完善。在全国范围内建立统一、科学、高效、明确的国土空间规划体系，确立了国土空间规划在国家自然资源空间治理体系中的核心地位，为我国的自然资源开发与保护提供了坚实的规划保障。

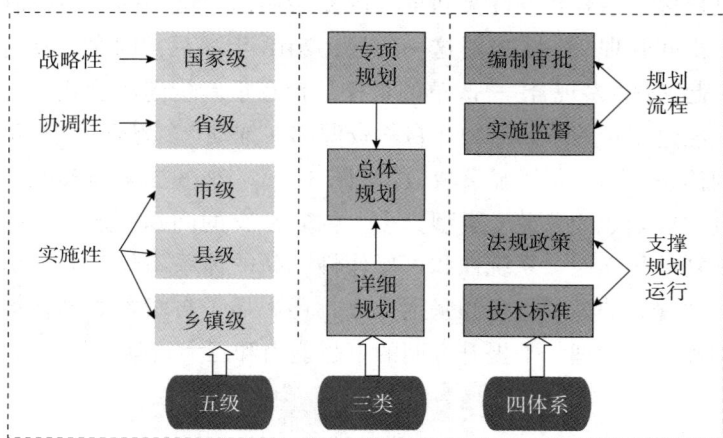

图 3-2　"五级三类四体系"总体框架

（二）明确国土空间规划的骨架和基础

统筹发展与安全，划定三条控制线，明确国土空间布局的骨架和基础（见图 3-3）。本轮规划改革高度重视"三区三线"的划定和监督实施，习近平总书记多次强调要坚持系统观念，把永久基本农田保护红线、生态保护红线、城镇开发边界作为调整经济结构、规划产业发展、推进城镇化不可逾越的红线。我国已实际划定 15.46 亿亩（1 亩约为 666.7 平方米）永久基本农田，并强调这一红线绝不能突破，已全面完成全国生态保护红线划定，生态保护红线面积合计约 319 万平方千米，其中陆域生态保护红线面积约 304 万平方千米，占全国陆域国土面积的比例超 30%。城镇开发是指在一定时期内因城镇发展需要，可以集中进行城镇开发建设、以城镇功能为主的区域边界。城镇开发边界的划定旨在防止城镇无序蔓延，促进城镇健康发展。

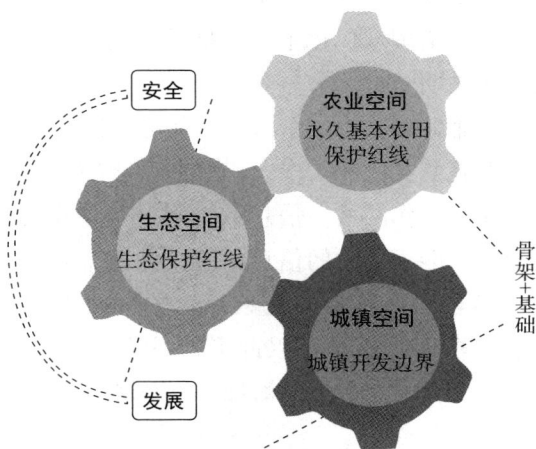

图3-3　"三区三线"国土空间布局的基础

我国首次全面完成了全国陆海生态保护红线划定，实现了一条红线管控重要生态空间，为全球生态保护与治理提供了中国方案。作为我国生态文明建设的代表性成果，《中国生态保护红线蓝皮书（2023年）》在首个全国生态日主场活动现场发布，并在2023全球滨海论坛会议上发布了该书的英文版。这是我国首部生态保护红线蓝皮书，系统地总结了我国生态保护红线划定的历程、方法、成果和实践案例，提出了加强生态保护红线监管、完善生态保护红线制度的思路和建议。该成果在2023年"达沃斯"论坛上被称为中国应对全球气候变化迈出的实质性步伐，被世界自然保护联盟纳入中国落实联合国《昆明—蒙特利尔全球生物多样性框架》的有效实践，这意味着我国由全球生态保护的参与者转变为引领者。

（三）建设国土空间规划实施监测网络体系

随着经济社会的发展和资源环境压力的增大，为应对国土空间开发保护面临的诸多挑战，党中央、国务院作出了一系列重大战略部署，包括划定并严守生态保护红线，推动国土空间治理数字化转型等。建设国土空间规划实施监测网络，是落实这些战略部署的重要举措，对优化国土空间开发保护格局、提升国土空间治理现代化水平具有重要意义。通过构建覆盖全国的国土空间规划实施监测网络，实现国土空间规划全生命周期管理的智能化，提升国土空间治理现代化水平，推动美丽中国数字化治理体系构建和绿色智慧的生态文明建设。

　　国土空间规划实施监测网络体系的主要任务如图 3-4 所示，业务网络联动是指根据规划实施监督监测需求，串联起国土空间开发保护全链条管理业务，形成体系化的工作网络。信息系统联通是指建设集数据整合、模型分析、智能预警等功能于一体的信息系统，为国土空间规划实施监测提供技术支持。开放治理网络是指依托数字化的开放平台等，完善政策机制，推进共建共治共享理念落地，以此形成社会各界有序参与、共同谋划、协同攻关、合力创新的国土空间治理开放网络。

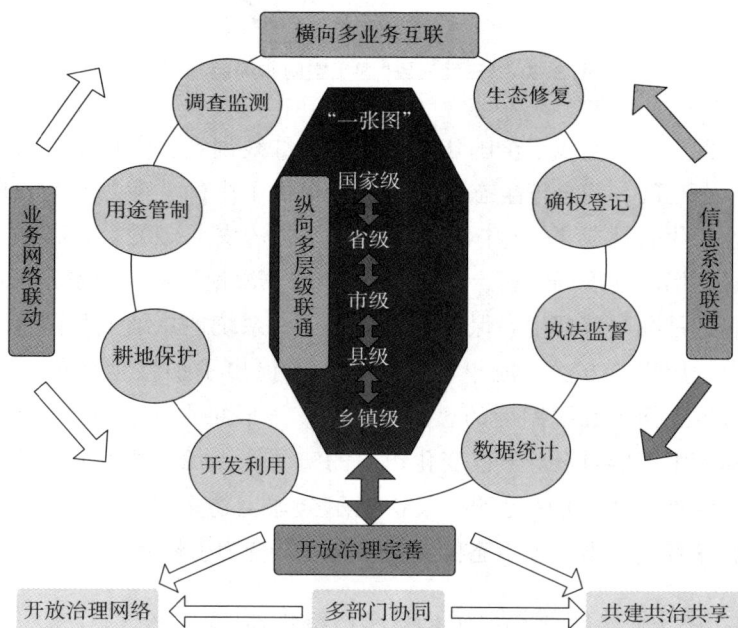

图 3-4　国土空间规划实施监测网络体系

（四）国土空间规划标准体系再构建

为了应对当前规划工作的需求，我国利用全国自然资源与国土空间规划标准化技术委员会下设的国土空间规划分技术委员会这一工作平台，构建了一个涵盖基础通用、编制审批、实施监督、信息技术四个维度的国土空间规划标准体系，并配套制订了为期三年的行动计划（见图3-5）。

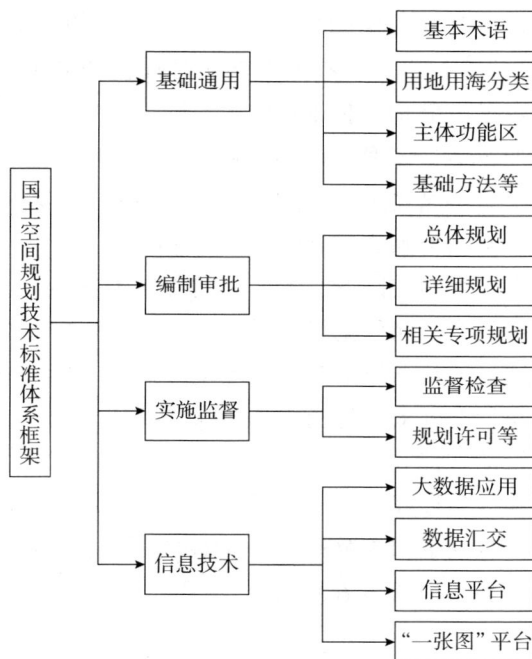

图3-5　国土空间规划标准体系

　　通过构建大数据平台，整合多源数据资源，形成统一的数据基础，设计科学、合理、可量化的指标体系，并利用数据挖掘和分析技术，将大数据与国土空间规划标准体系进行关联，揭示数据之间的内在联系和规律。利用大数据技术对规划实施情况进行实时监测和评估，及时发现潜在问题并进行调整。同时，通过构建预警规则和决策模型，为规划决策提供科学依据和智能支持。引入"3S"①、3D GIS、AI等技术，提升数据处理和分析能力；制定和完善大数据在规划中的应用标准、数据标准和安全规范等；

──────────

　　① 即遥感技术（RS）、地理信息系统（GIS）和全球定位系统（GPS）的统称。

出台相关政策措施，鼓励和支持大数据技术的广泛应用和创新实践。

二、数字技术下国土空间规划全面革新的趋势

大数据生态技术为国土空间规划带来了革命性的变革。通过集成 RS 监测、AI、GIS 等先进技术，大数据能够实时捕捉和分析国土空间动态变化，为规划工作者提供全面、准确的数据支持。大数据生态技术驱动的方法使规划过程更加科学、合理，有效地避免了传统规划中的主观性和盲目性，促进了规划决策的智能化和精细化，通过模拟预测、优化算法等手段，实现了对国土空间资源的高效配置和合理利用。

在大数据生态技术的支撑下，国土空间规划正逐步朝着绿色化、智能化、协同化的方向发展。绿色化革新要求在规划过程中充分考虑生态环境的保护和修复，通过大数据技术对生态环境进行实时监测和评估，确保规划方案符合绿色发展的要求。智能化革新强调利用大数据、人工智能等技术，提升规划决策的智能化水平，实现规划过程的自动化和智能化管理。协同化革新要求在规划过程中加强各部门、各地区之间的协同合作，通过大数据平台实现信息共享和资源整合，推动国土空间规划的整体优化和协调发展，整体逻辑关系如图 3-6 所示。

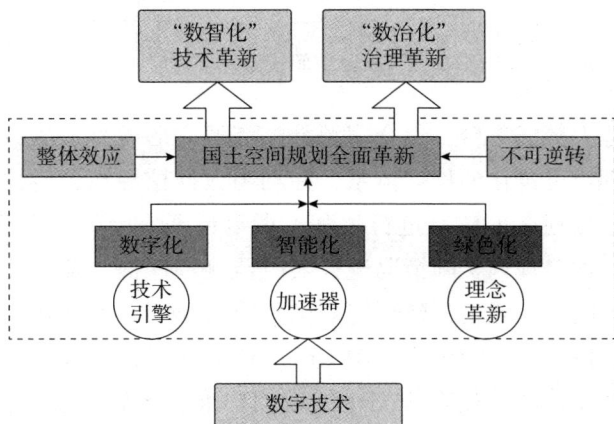

图 3-6　数字技术助推国土空间规划全面革新

（一）数字化与智能化协同发展

在大数据生态技术的强力推动下，国土空间规划正经历一场深刻的变革，其发展方向（绿色化、智能化与协同化）日益明确。这一变革不仅重塑了规划的理念与方法，更为国土空间的可持续发展注入了新活力。

在规划过程中，生态环境的保护与修复置于核心地位，绿色化是国土空间规划的理念革新、思想高地。大数据技术的引入为国土空间规划绿色革新的实现提供了强有力的支持。通过实时监测和评估生态环境，获取关键数据，精准把握生态环境的现状与变化趋势。这不仅有助于规划者制定更加科学、合理的规划方案，还能确保这些方案在实施过程中严格遵循绿色发展的原则，实现人与自然和谐共生的美好愿景。

智能化革新为国土空间规划带来了前所未有的便利与效率。大数据与人工智能技术的深度融合使规划决策过程更加智能化、自动化。通过数据挖掘、机器学习等技术手段，快速分析大量数据，发现潜在规律，为规划决策提供更加精准的依据。智能化管理系统的应用极大地提升了规划实施的效率与精度，使规划方案能够更加顺利地落地实施。国土空间规划的科学性与合理性能推动自然资源管理的整体优化与协调发展，以实现区域经济的可持续发展与社会的全面进步。

（二）数字化与绿色化的深度融合

在数字技术迅猛发展的时代背景下，国土空间规划正经历着由数字技术引领的全面革新。习近平总书记向 2021 年世界互联网大会乌镇峰会的致贺信中提出，数字技术正以新理念、新业态、新模式全面融入人类经济、政治、文化、社会、生态文明建设的各领域和全过程，给人类生产生活带来了广泛而深刻的影响。国土空间规划领域也不例外。数字技术不仅打破了传统信息壁垒，促进了资源高效整合与跨领域协同，还显著提升了规划的科学性和实施监督的有效性。海量数据与先进算法模型的应用增强了规划的执行力，建立了全过程动态监测与评估反馈机制。2023 年 9 月，自然资源部办公厅印发的《全国国土空间规划实施监测网络建设工作方案（2023—2027 年）》提出，构建美丽中国数字化治理体系，促进绿色智慧生态文明建设与高质量发展，实现人类社会与自然生态的和谐共生。

绿色化与数字化协同并进不仅为破解当前资源环境约束下的发展难题提供了创新路径，还有力推进了中国乃至全球生态文明建设与高质量发展的壮阔征程，共同绘制出人类社会与自然生态和谐共生的宏伟蓝图。国土空间规划的理念、方法与技术体系正经历着深刻的重塑，不仅提升了规划的科学性与精准度，还赋予了其前所未有的智慧与生命力，为构建更加绿色、智慧、和谐的国土空间奠定了坚实基础。

(三)数智化与数治化双重革新

国土空间规划正经历着数智化技术革新与数治化治理革新的双重转型。前者侧重现代信息技术的高度集成与深度应用，通过技术创新升级规划方法和工具，提升规划的科学性和前瞻性，实现资源配置高效化、规划决策科学化、模拟预测精准化和监控反馈动态化。后者强调运用数字技术和治理理念，推动治理体系的现代化和规范化，拓宽公众参与渠道，促进多元主体共建共治共享，提高治理的公正性、包容性和认可度。这两种革新相辅相成，数智化为数治化提供科学决策支持和前瞻性指导，数治化则通过精细化和规范化的管理确保数智化决策的有效实施。

三、国土空间规划过程中存在的问题

(一)规划部门分工重叠，协调机制不畅

我国的国土空间规划众多，但部分规划之间缺乏必要的关联，而且由于规划的独立性，规划部门之间的分工变得不明确，为真正落实"多规合一"增加了一定的难度。各部门往往只关注自己领域内的规划，而忽视了与其他部门的协作和整合，这样便会出现职责不清的情况，不仅影响工作效率，还可能导致规划决策出现偏差。国土空间规划工作本身需要极强的专业能力，然而由于部门分工重叠和职责不清，部分工作人员可能无法全面理解规划的背景、目标和要求，无法有效应对规划过程中可能出现的各种问题。这种情况严重阻碍了我国国土空间规划的发展，不利于我国国土资源的合理利用。

国土空间规划部门分工不合理与协调机制不畅会直接影响规划的有效实施和国土资源的合理利用。缺乏统一的协调机构和机制会导致各部门在制定和实施规划时各自为政，难以形成合力，使规划过程中的矛盾和冲突难以得到有效解决。规划部门间信息共享不畅，规划决策缺乏全面、准确的信息支持，进一步削弱了规划的科学性和可行性。国土空间规划部门间信息不对称不仅体现在对信息资源的整合利用上，还表现为信息更新的不及时，导致规划决策与实际情况脱节。

（二）规划理念与生态保护意识有待提高

在国土空间规划的过程中，一个不容忽视的问题是规划理念与生态保护意识薄弱。传统的规划常常将经济发展作为首要目标，忽视了生态保护的重要性，这种"重经济轻生态"的规划理念，使生态环境在规划实施中受到了不同程度的破坏。部分规划缺乏长远眼光和前瞻性，未能充分考虑未来生态环境的变化及可持续发展的需求，为践行习近平生态文明思想的道路铺设了荆棘。短视的规划理念使规划在实施过程中难以应对未来生态环境的变化，无法满足可持续发展的需求。例如，一些城市在规划过程中未能充分考虑水资源保护和利用的问题，导致水资源短缺和水污染问题日益严重，给城市的可持续发展带来了巨大挑战。此外，社会公众对国土空间规划的参与度普遍较低，环保意识薄弱，难以形成有效的社会监督，使得规划过程中可能出现的生态环境问题难以被及时发现和解决。公众环保意识薄弱导致规划实施对生态环境的破坏难以得到有效遏制。强化规划理念与生态保护意识是国土空间规划的新方向。只有树立正确的规划理念、加强公众的环保教育和参与度、加强规划实施的监管和评估工作，才能推动国土空间规划的健康发展，实现经济发展与生态保护的共赢。

（三）国土空间规划数据来源不一致

规划工作依赖大量翔实、准确且时效性强的数据，这些数据的来源有多个渠道，包括但不限于政府统计部门、专业调查机构、遥感监测平台等。由于数据收集和处理的时间节点不同，不同来源的数据在标准、格式和精度上存在差异，因此在实际规划过程中常常会遇到数据不一致的困境。数据不一致不仅体现在数值的差异上，还可能包括空间分布、时间序列等多个维度上的不匹配。数据来源不一致给规划人员带来了极大的挑战，数据存在偏差或错误导致规划方案很可能偏离实际需求，造成资源浪费和环境破坏。数据不一致可能导致规划在实施过程中遇到困难，如土地权属争议、用地指标冲突等，这些困难可能增加规划实施的难度和成本。数据不一致还可能导致规划评估结果失真，无法准确反映规划的实际效果，影响规划方案的调整和优化。

四、数字技术促进国土空间规划全面革新的策略

(一)明确规划实施制度体系，提升国土空间治理能力

建设规划实施制度体系，提升国土空间治理能力，需要综合考虑系统性、科学性、前瞻性和实践性等多个方面。只有将这些要素有机结合起来，才能构建一个既符合国情又具有国际视野的国土空间规划实施制度体系，为我国的可持续发展提供有力保障。构建国土空间规划实施制度体系要从全局视角出发，综合考虑经济、社会、环境等多个方面，确保各项制度能够相互衔接、协同作用。建立跨部门、跨层级的协调机制，确保在规划实施过程中各部门、各层级之间信息畅通、资源共享和行动一致。完善规划编制、审批、实施、监督等各个环节的制度安排，形成闭环管理，确保规划从制定到执行的全过程都能够得到有效控制。

借助现代科技手段，如大数据、人工智能等，对国土空间进行精准识别、科学评估和优化配置。在规划编制阶段，充分利用这些技术手段，提高规划的预见性和准确性；在实施阶段，通过实时监测和动态调整，确保规划能够灵活应对各种变化和挑战。此外，还需加强规划实施效果评估，通过科学的方法和指标，对规划的实施效果进行客观的评价，为后续的规划调整和优化提供有力依据。密切关注国内外发展趋势和政策导向，及时将最新的理念、技术和方法融入规划的实施制度体系中。加强对未来国土空间发展趋势的研究和预测，确保规划实施制度体系能够提前布局、主动

作为，为未来的国土空间发展提供有力支撑。注重制度的可操作性和可落地性，确保各项制度能够真正在实践中发挥作用，简化审批流程、提高审批效率、加强监管力度等，以减轻企业和个人的负担，提高规划实施的社会认可度和满意度。及时发现和解决规划实施过程中的问题和矛盾，确保规划能够顺利推进、取得实效。

(二)强化绿色智慧的国土空间治理思想，提高规划效率

绿色智慧的国土空间治理必须强化绿色规划理念，要将生态保护放在首位。这意味着在规划决策过程中要充分考虑生态系统的完整性和生物多样性，避免过度开发和环境破坏。通过模拟分析不同规划方案对生态环境的影响，选择最优方案，确保国土空间开发活动与自然生态系统相协调，实现经济发展与环境保护双赢。通过收集和分析海量的国土空间数据，包括自然环境、社会经济、基础设施等多维度信息，可以构建出精细化的国土空间模型。利用 AI 算法对这些模型进行深度学习和预测分析，能够为规划决策提供科学依据，实现精准规划、智能管理。通过在关键区域部署传感器网络，可以实时采集空气质量、水质、土壤状况等环境参数及交通流量、能源消耗等城市运行数据。

随着科技的进步和社会的发展，绿色智慧的国土空间治理决策系统需要不断迭代和优化。通过建立反馈机制，定期评估系统性能和规划实施效果，及时调整和优化决策模型，确保系统始终适应新的发展需求。同时，加强先进经验的交流，引入更多创新技术和理念，不断提升我国国土空间治理的智能化和绿色化水平，提高规划效率，促进可持续发展，以此构建一个更加高效、智能、绿色的国土空间治理体系。

(三)数字技术助力国土空间规划的智能化潜力提升

构建一个高效、全面的智能化规划平台，使其具有强大的数据处理和信息整合能力，以便为规划决策提供坚实的数据支持。在构建智能化规划平台的过程中，需要整合来自多个渠道的相关信息，包括但不限于地理信息、社会经济数据、环境资源状况等，相关信息被系统地收集、整理和分类，以确保其准确性和时效性。支持多维度的数据展示和分析，帮助决策

者从多个角度全面审视国土空间规划问题。运用先进的数据挖掘和可视化技术将复杂的数据转化为直观、易懂的图表和报告，为决策者提供更加清晰、准确的规划建议。运用机器学习和人工智能等先进技术，可以对海量数据进行深度分析和预测，为规划决策提供科学依据，提高规划的效率，提升规划的科学性和准确性。

引入智能分析工具，如机器学习、大数据等，挖掘和分析国土空间规划相关数据，提升决策的科学性。优化规划流程，实现自动化和智能化，提高规划效率和准确性。加强跨部门协作，借助智能化平台促进信息共享和协同合作，提升整体效能。鼓励技术创新，推动人工智能、大数据、云计算等新兴技术在国土空间规划中的融合应用，加速信息流动与共享，提升规划的协同能力。注重人才培养与团队建设，提升相关领域的创新能力和科技含量。

五、结 语

在新时代，生态文明建设与高质量发展的双重目标正在被数字技术赋予新的活力，引领国土空间规划步入智能化的崭新阶段。大数据技术的兴起预示着国土空间规划即将迎来一场深刻的变革，这不仅是传统规划理念与手段的一次全面升级，更是现代科技力量与社会治理需求深度融合的必然结果。国土空间规划作为涵盖经济、社会、文化、政治、生态等多领域的综合性工作，其复杂性远非单一数字技术能够全然捕捉的，若过度依赖技术，则可能会导致决策偏离实际，产生偏差。

因此，在积极拥抱技术革命带来的无限可能时，也必须保持清醒的认知与独立的判断，深刻理解并有效驾驭新技术，确保其服务于人类社会的可持续发展。坚持以人为本、绿色发展的核心理念，将技术的力量导向人与自然和谐共生的目标，构建一种新型的国土空间治理体系，让技术在尊重自然规律、顺应社会发展趋势的前提下发挥最大的正面效应。这样的国土空间规划体系不仅能充分利用大数据生态技术的优势，提升规划的科学性与精准度，还能确保规划的全面性、前瞻性与可持续性，为新时代的高质量发展与高水平保护提供坚实支撑。

第三节　可持续国土空间规划的影响因素

可持续国土空间规划是一项综合性的战略任务，旨在平衡经济发展、社会福祉、环境保护与资源利用之间的关系，确保国土空间的长期健康与繁荣。它要求在规划过程中不仅要追求经济增长的效率与速度，还要注重生态环境的保护，维护生态系统的完整性；不仅要考虑当前的发展需求，还要预见未来的变化趋势，确保规划的弹性与适应性。同时，加强空间治理，促进政府、社会、市场及公众等多方力量的协同合作，形成合力；推动社区参与，确保规划贴近民生，反映民众意愿。通过运用先进的数字化技术，提高规划的科学性与精准度，为国土空间的高效、绿色、和谐发展提供有力支撑。可持续国土空间规划不仅是对自然资源的合理利用，还是对未来世代福祉的负责，是实现国家长远发展与社会全面进步的关键所在。

一、经济因素

经济因素在可持续国土空间规划中占据重要地位。首先，需要追求经济增长和资源利用效率的提高，确保国土空间规划能够推动经济发展。其次，应注重区域间的均衡发展，避免资源过度集中在某一区域，从而导致其他区域发展滞后。因此，在规划时应合理布局产业，优化资源配置，促进区域间的经济合作与协调发展。

经济因素在可持续国土空间规划中无疑是扮演着举足轻重的角色。在追求经济增长和资源利用效率提升的同时，必须确保国土空间规划成为推动经济发展的强大引擎。这意味着在规划过程中要深入分析区域经济特征，精准定位各地区的优势产业，实现产业布局的合理化。

在资源利用效率方面，需要积极引入先进的生产技术和管理模式，推动传统产业的转型升级，降低能耗和排放，提高资源产出效率。大力推广循环经济理念，促进资源的循环利用和废弃物的无害化处理，以最小的资源消耗和环境代价实现最大的经济效益。

在区域均衡发展方面，应坚决避免资源过度集中在某一区域，导致出现发展不平衡的现象。优化国土空间结构，合理配置生产要素，引导产业和人口有序流动，可以实现区域间的优势互补和协同发展。对于发展滞后的地区，要给予更多的政策支持和资源倾斜，促进其加快转型升级，实现跨越式发展。注重加强区域间的经济合作与协调发展。通过建立有效的合作机制，加强政策协调和信息共享，共同应对经济发展中的挑战，实现互利共赢。同时，积极推动区域一体化进程，构建开放、包容、互惠的区域经济合作体系，为经济的持续健康发展提供有力保障。

综上所述，经济因素在可持续国土空间规划中占据重要地位。因此，需要在追求经济增长和资源利用效率提升的同时，注重区域间的均衡发展，加强经济合作与协调发展，实现国土空间的高效、绿色、可持续发展。

二、社会因素

社会因素在可持续国土空间规划中的重要性不容小觑，它们构成了规划决策不可或缺的一部分。在追求国土空间的可持续发展时，我们必须将人民群众的福祉置于核心地位，致力于为他们提供优质的居住环境、教育资源、医疗服务和公共服务设施。这些努力不仅关乎基本生活需求的满足，还是实现社会公平与包容、增强民众获得感与幸福感的重要途径。

良好的居住条件能够提升居民的生活质量，促进社区的和谐稳定；优质的教育资源能够培养未来社会的栋梁之材，为国家的长远发展奠定基础；完善的医疗服务体系能够保障民众的健康权益，减轻疾病带来的负担；完善的公共服务设施能够提升城市的运行效率，增强城市的综合竞争力。在规划过程中，还必须充分考虑人口增长、人口迁移等社会变化因素。随着城市化进程的加速推进和人口结构的不断变化，未来的社会需求将呈现出更加多元化、复杂化的趋势。因此，规划必须具有前瞻性和灵活性，要能够及时适应这些变化，确保国土空间的发展能够满足未来社会的需求。

可持续国土空间规划不仅要注重生态环境的保护和自然资源的合理利用，还要关注社会因素的影响和作用。综合考虑人民群众的实际需求、人口变化等社会因素，可以制定出更加科学、合理、可行的规划方案，为社会的可持续发展贡献力量。

三、环境因素

环境因素无疑是可持续国土空间规划中的核心要素，其直接关系到国土空间的生态安全、资源利用效率及人类社会的可持续发展。在规划实践中，应将保护自然生态系统、提升生态环境质量、推动可再生能源与低碳经济发展作为首要任务。

加强生态环境分区管治是实现这一目标的关键。对不同生态功能区实施差异化的保护，可以更有效地维护生态系统的完整性和稳定性。在此基础上构建的生态廊道和生态网络，不仅有助于生物多样性的保护，还能增强生态系统的连通性和韧性，为生态系统的自我恢复和适应提供有力支持。推进生态系统的保护和修复工作同样至关重要。这包括采取科学的方法和技术手段，对受损的生态系统进行恢复和重建，恢复其生态功能和服务价值。另外，还应注重节能减排，通过优化能源结构、提高能源利用效率等措施，降低碳排放强度，推动绿色低碳发展。在推动可再生能源利用方面，积极探索和推广太阳能、风能等清洁能源，减少对化石能源的依赖，减少温室气体排放。同时，发展低碳经济，推动产业结构优化升级，提高经济的绿色化程度，实现经济发展与环境保护的双赢。

环境因素在可持续国土空间规划中占据核心地位，国土空间规划必须从保护自然生态系统、提升生态环境质量、推动可再生能源与低碳经济发展等方面入手，采取综合措施，确保国土空间的可持续发展。这不仅是对当前生态环境的负责，还是对未来世代福祉的担当。

四、空间治理因素

空间治理是实现可持续国土空间规划蓝图的关键支撑，要求我们在规划实践中深入贯彻综合空间治理理论，强调跨领域、跨层级的合作与协同机制。这一理念的核心在于打破传统部门壁垒与地域限制，促进政府、社会组织、企业及居民等多元主体的深度融合与互动，共同构建一个高效、和谐的空间治理体系。

政府作为引领者，需发挥其政策制定与资源调配的核心作用，同时积极搭建沟通平台，促进各方利益的平衡与协调。社会组织以其专业性和灵活性，成为连接政府与民众、推动企业参与的桥梁，它们在公众参与、环境教育、社区发展等方面发挥着不可替代的作用。企业作为经济发展的主体，其技术创新与绿色生产模式的推广，对推动空间治理的可持续发展至关重要。居民作为国土空间的直接使用者与受益者，其意见与需求是规划制定与调整的重要依据，居民参与度的提升能够确保规划更加贴近民生、反映民意。为了形成有效的联动机制，各方需共同确立清晰、具体的规划目标，通过信息共享、资源共享，实现资源的最优化配置。在利益协调方面，应建立公平、透明的决策机制，确保各方权益得到合理保障，减少冲突与矛盾。此外，共同参与规划的实施与监督不仅能增强规划的执行力，还能及时发现并纠正规划执行中的偏差，确保规划目标的顺利实现。

空间治理通过促进多元主体的深度协同与合作，为可持续国土空间规划提供了坚实的组织保障与制度基础。这一模式的实施不仅有助于提升规划的科学性与合理性，还能激发社会各界的积极性与创造力，共同推动国土空间向更加绿色、协调、开放、共享的方向发展。

五、技术因素

数字化空间规划理论是一个前沿且充满活力的领域，它高度重视运用数字技术和空间信息系统来赋能规划实践与决策过程。在科技日新月异的今天，大数据、人工智能等尖端技术如同一股强大的推动力，为国土空间规划带来了前所未有的变革与机遇。

这些先进技术的引入，不仅极大地提升了规划工作效率，还在规划的精确性上实现了质的飞跃。通过大数据的收集与分析，我们能够更全面、深入地理解国土空间的现状特征、发展趋势及潜在问题，为规划决策提供翔实的数据支撑。人工智能的应用让规划模型更加智能、灵活，能够自动适应复杂多变的空间环境，生成更加科学、合理的规划方案。更重要的是，数字化空间规划理论强调的不仅是技术的应用，更是一种全新的规划思维与方法的革新。它鼓励我们跳出传统的规划框架，以更加开放、包容的态度去拥抱科技带来的变化，将数字技术视为提升规划质量、推动可持续发展的有力工具。规划者需要不断提升自身的数字素养与规划能力，学会如何有效运用这些先进技术来优化规划流程、提升决策质量。同时，注重数据的安全与隐私保护，要在享受科技便利的同时，确保不侵犯民众的合法权益。

　　数字化空间规划理论通过融合大数据、人工智能等先进技术，为国土空间规划带来了革命性的变化。它不仅提高了规划的效率和精确性，还推动了规划思维与方法的创新，为构建更加科学、合理、可持续的国土空间格局提供了有力支持。

第四章

大数据助力农业领域的土地高效利用

第一节　大数据在农业土地管理中的应用

一、精准农业与智能决策

大数据技术在农业中的应用使精准农业成为可能。通过收集和分析大量农业数据，农民可以做出更智能的决策，包括种植作物的选择、施肥和灌溉的量化、病虫害的监测与防控等，从而提高土地的利用效率。在大数据技术的推动下，精准农业和智能决策成为当代农业领域的重要创新，为农民提供了更智能、高效的农业管理方案，使土地得到更为科学的利用。

（一）数据驱动的农业决策

大数据为农业提供了丰富的信息资源，包括土壤成分、气象数据、作物生长状态等。农民可以通过数据分析，实现精准决策。例如，结合土壤质量数据，可以选择最适宜的作物种植，确保土地得到最充分的利用。数据驱动的农业决策是优化土地利用的智慧之举。在当今大数据时代，农业领域迎来了一个革命性的变革，大数据为农业决策提供了前所未有的丰富信息资源，使农民能够通过精准的数据分析实现更智能化、高效化的土地利用决策。

1. 土壤成分的详细分析与作物匹配

大数据技术允许对土壤进行更加详尽的分析，包括土壤质地、养分含量、酸碱度等多方面的信息。通过结合这些数据，农民可以更准确地选择适宜的作物进行种植。例如，在土壤富含某种特定养分时，选择对该养分需求较大的作物，从而最大限度地发挥土地的生产潜力。

2. 气象数据与农业生产关联分析

大数据不仅能提供土壤信息，还能提供气象数据。通过对气象数据的分析，农民能够更好地了解气候变化，预测未来的气象条件，从而调整农业生产计划。例如，在即将来临的干旱季节，农民可以提前调整灌溉计划，确保作物的正常生长。

3. 智能作物轮种计划的制订

通过对历史数据的挖掘和分析，农业专业人员可以制订更智能的作物轮种计划，包括合理安排不同作物的轮种顺序，避免连作对土壤产生负面影响，提高土地的健康度和可持续性。

4. 土地利用的空间分布优化

大数据还能够提供土地利用的空间分布数据，帮助农民进行合理的土地规划。通过分析土地的高低差异、阳光照射等情况，农民可以更合理地分配不同作物的种植区域，实现土地的多功能利用。

5. 精准施肥和灌溉管理

大数据分析还可以在施肥和灌溉管理上发挥巨大作用。结合土壤养分数据和气象数据，农民可以制订个性化的施肥和灌溉计划，精准供给植物所需的养分和水分，提高土地的利用效率。

（二）种植作物的选择与优化

农民可以利用大数据分析农业生产环境，包括土地类型、气候条件等，为不同的地块选择最适宜的作物。这有助于最大限度地发挥土地的生产潜力，提高农产品的产量和质量。种植作物的选择与优化是大数据助力农业生产的智能化决策。在当今科技发展的浪潮中，农业生产逐渐迎来了数字化和智能化的时代。大数据分析在农业领域的应用，特别是在种植作物选择与优化方面，为农民提供了全新的智能决策工具。

1. 土地类型与作物适配性分析

大数据分析可以深入研究土地的多个维度，包括土壤成分、排水情况、坡度等。通过对这些数据的整合分析，农民可以了解每块土地的独特性质，从而选择最适宜的作物。例如，在排水较好的区域选择排水要求较高的作物，以充分利用土地资源。

2. 气候条件与作物生长需求匹配

大数据可以提供详细的气象数据，包括温度、湿度、降水量等。通过对气象数据的分析，农民可以更好地了解不同作物对气候条件的需求，有针对性地选择适应当地气候的作物，这种精准的匹配有助于提高作物的生长率和产量。

3. 科技因素与作物品质提升

大数据分析还可以涵盖科技因素，包括使用合适的农业技术和先进的种植方法。通过对科技因素的考量，农民可以选择更具种植潜力的作物，提高作物品质，增强市场竞争力。

4. 市场需求与作物选择策略

大数据还可以分析市场需求和趋势。通过了解市场对不同作物的需求，农民可以调整作物的选择策略，合理安排种植比例，迎合市场需求，提高销售收益。在大数据的引领下，种植作物的选择与优化不再依赖经验和猜测，从而变得更加科学、智能。这不仅有助于提高土地的利用效率，还能够推动农业生产向着更为可持续和智能的方向迈进。

(三) 施肥和灌溉的智能化管理

通过监测土壤的养分含量、湿度等指标，农民可以实现对施肥和灌溉的智能化管理。合理的施肥和灌溉有助于提高农作物的生长速度和产量，减少对土地资源的浪费。施肥和灌溉的智能化管理是大数据助力农业生产的精准养护。随着科技的不断进步，农业生产逐渐迎来了数字化和智能化的时代。在这个过程中，大数据的应用为农业生产带来了全新的管理理念，尤其是在施肥和灌溉方面，实现了智能化管理。

1. 养分含量监测与智能施肥

通过监测土壤的养分含量，农民可以实时了解土壤中各种元素的水平，这为智能施肥提供了科学依据。根据不同作物对养分的需求，系统可以智能调整施肥计划，确保每块土地都能得到合适的养分供应。这种智能施肥不仅提高了施肥的效率，还减少了过量施肥可能带来的环境问题。

2. 土壤湿度监测与精准灌溉

大数据监测系统可以实时监测土壤湿度，并结合气象数据预测降水情况。基于这些信息，系统可以智能调整灌溉计划，使其更符合土地的实际需求。这种精准灌溉不仅避免了因过度灌溉产生水资源浪费，还有助于防止土壤过湿引发的各种问题。

3. 作物生长状态监测与实时调整

大数据监测不仅关注土地本身，还对作物的生长状态进行了监测。通过分析作物的生长数据，系统可以判断作物的健康状况，及时调整施肥和灌溉方案，这样可以更加贴近实际需求，最大化土地的产出。

4. 节水灌溉与可持续发展

大数据技术有助于实现节水灌溉。通过对土地和气象数据的综合分析，系统可以制订更加经济、高效的灌溉计划，减少水资源的浪费。这也符合可持续发展的原则，使农业生产更加环保和经济。施肥和灌溉的智能化管理不仅提高了农业生产的效率，还减轻了农民的劳动压力。这种数字化和智能化的农业管理理念有望在未来继续推动农业生产向更为可持续和智能化的方向发展。

（四）病虫害的实时监测与防控

大数据技术使病虫害的实时监测成为可能。农民可以通过传感器网络和数据分析，及时发现病虫害的迹象，并采取精准的防控措施，减少农药的施用，保护土地的生态环境。病虫害的实时监测与防控是大数据引领农业生产的绿色革命。在农业生产中，病虫害是农民头痛的问题。然而，随着大数据技术的不断发展，实时监测与智能防控的新模式正在为农业带来绿色、高效的生产方式。

1. 传感器网络实时监测

大数据技术结合传感器网络可以实现对农田的实时监测。这些传感器可以布设在田间，监测土壤湿度、温度、空气湿度等指标，提供一个全面的农田信息数据库。另外，传感器还可以捕捉作物生长状态和病虫害传播的相关数据。

2. 数据分析与病虫害预警

通过大数据分析，系统可以识别出与病虫害相关的模式和趋势。当传感器网络捕捉到异常情况时，数据分析系统可以发出预警，提示农民可能面临病虫害的威胁。这种实时的病虫害预警可以帮助农民更早地采取防控措施，减少病虫害带来的损失。

3. 精准农药喷洒与生态环境保护

基于实时监测和数据分析，农民可以实现精准的农药喷洒。大数据可以根据实际的病虫害分布情况，精确计算出所需农药的量，从而避免过量使用的问题。这不仅降低了农业生产成本，还减轻了农药对土地生态环境的影响。

4. 生态防控策略的制定

大数据还可以为制定生态友好的防控策略提供支持。通过分析不同农业生产系统的数据，大数据可以推导出更加可持续的防控方案，如通过引入天敌来控制病虫害，减少对化学农药的依赖，保护土地的生态系统。大数据还可以构建农业知识库，将不同地区、不同农田的病虫害信息进行整合，这有助于形成更加全面的防控方案，促进农业生产的信息共享和经验交流。

(五)农业生产的数字化管理

大数据为农业生产提供了数字化的管理手段，包括智能农机的运用、生产流程的自动化等。这有助于提高生产效率，降低劳动成本，使土地的经济效益最大化。农业生产的数字化管理是大数据引领的现代农业新革命。在数字化时代，大数据的应用不再局限于城市和工业领域，在农业生产中数字化管理已成为推动农业现代化的关键力量。下文将深入探讨大数据如何助力农业实现数字化管理，提高生产效率和经济效益。

1. 智能农机的运用

大数据技术与智能农机的结合使农业生产步入数字化时代。传感器、卫星导航、自动控制等技术的应用，使农机可以更加智能化地执行播种、施肥、收割等作业。大数据分析可以实现对农机运行状态的实时监测和预测，提高作业效率，减轻农民的劳动负担。

2. 生产流程的自动化

大数据在农业领域的应用不仅体现在智能农机上，还涉及生产流程的自动化。通过物联网技术，农业生产中的各个环节可以实现信息的实时交互。例如，自动化灌溉系统可以根据大数据分析的土壤湿度和气象数据，智能调整灌溉水量，实现对农田水资源的精准管理。

3. 数据驱动的种植管理

大数据分析有助于实现数据驱动的种植管理。农民可以根据土壤、气象、作物生长等多维数据，制订更加科学的种植计划。通过大数据平台，农民可以获取作物生长的实时数据，及时调整种植策略，提高农作物产量和质量。

4. 农业物联网的发展

农业物联网的兴起使农业生产过程中的设备、传感器、机械等都能够实现互联互通，这样的数字化管理可以使农业生产更加精准，实现对土地资源、作物生长状态等信息的全面监控。大数据的强大分析能力为农业决策提供了有力支持。通过对历史数据和实时数据的分析，农业管理者可以制订更加科学的生产计划、市场营销策略，提高土地的经济效益。数字化管理不仅提高了生产效率，还直接影响了土地的经济效益。通过数字化管理，农民可以更加科学地配置资源，减少不必要的投入，提高农产品的质量，增加收益。这不仅使土地的经济效益最大化，还促进了农业的可持续发展。

(六)农业科技创新的推动

大数据的应用，使农业科研得以推动。农民可以获得最新的科技成果和农业技术，从而实现更加先进和科学的农业生产管理，推动农业的可持续发展。农业科技创新是现代农业发展的关键推动力之一，大数据的应用为农业科研提供了新的契机。下文将深入探讨大数据如何推动农业科技创新，为农业可持续发展注入新活力。

1. 数据驱动的科研

大数据为农业科研提供了海量的数据资源，包括气象、土壤、植物生长等多个方面的信息。科研人员可以通过对这些数据的分析，深入了解农业生态系统的运行规律，为农业科技创新提供数据支持。大数据技术实现了农业生产全过程的实时监测，科研人员可以通过实时获取的数据了解各个环节的情况。这使科研实验可以更加精准地进行，同时为科研成果的验证提供了实时反馈。

2. 精准农业的发展

大数据在精准农业中的应用推动了农业科技的精细化。科研人员可以通过大数据平台，实现对农田土壤、作物生长状态等的精准监测，这为新型农业技术的研发提供了准确的基础数据。大数据与农业机械智能化的结合，推动了农业生产方式的转变。科研人员通过大数据分析，能够优化农业机械的设计和运行模式，提高作业效率，降低生产成本，促进农业机械科技创新。

二、农业生产优化与资源节约

大数据的应用有助于对农业生产过程进行全面监测和优化。通过实时监测土壤质量、气象条件等信息，农民可以调整种植策略，减少资源浪费，提高农田的生产力，这种方式有助于实现农业资源的可持续利用。农业生产优化与资源节约助力大数据引领智慧农业。农业是一个涉及多方面资源的综合性产业，大数据的应用为农业生产过程提供了全面的监测和优化手段。

(一) 实时监测土壤质量

通过大数据技术，农民可以实时监测土壤的质量、肥力等情况，这有助于精准判断土壤是否适宜作物种植的程度，避免因土壤不适宜导致的资源浪费。农民可以根据土壤监测结果调整施肥方案，实现农业生产的最优化。实时监测土壤质量是智慧农业的科技赋能。在当今农业生产中，大数据技术成为农民实时监测土壤质量的利器，这一技术不仅有助于减少资源浪费，还提升了农业生产的智能化水平。

通过在农田布设各类传感器，农民可以实时获取土壤的多项数据，包括土壤的温度、湿度、养分含量等。这些数据通过大数据平台进行集中分析，为农民提供了一个全面了解土壤状况的便捷途径。传感器实时监测土壤的物理、化学性质，将数据反馈到农业管理系统。农民可以通过智能设备随时查看土壤状态，及时了解土壤的肥力、酸碱度等关键信息，为决策提供科学依据。实时监测土壤质量也有助于实现精准农业。农民可以根据土壤的特点，科学合理地选择适宜的作物种植，调整施肥计划，避免因盲目施肥导致的养分浪费和土壤污染等问题。

基于大数据分析，农民可以制定更加精细化的施肥方案。不同地块的土壤差异可以通过数据呈现，农民可以根据实际情况调整氮、磷、钾等养分的施用量，最大限度地发挥施肥效果，实现资源的有效利用。大数据技术使土壤适宜性评估更加科学。农民可以通过分析大数据中的土壤信息，了解不同地块的适宜作物范围，从而避免在不适宜的土壤上种植，减少生产风险。通过大数据平台的可视化展示，农民可以直观地了解土壤的质量分布情况。这种直观的管理方式有助于农民更加高效地制定农业生产计划，实现农业决策的科学化和智能化。实时监测土壤质量为资源合理配置提供了科学依据。通过对土壤养分含量、水分状况等数据的监测，农民可以有针对性地调整不同区域的资源使用情况，最大限度地发挥土地的生产潜力，提高资源利用效率。

(二)精细化的种植策略

大数据分析提供了多维度的农业信息，农民可以根据不同地块的气象、土壤等条件，制定精准的种植策略，包括选择适宜的作物、优化种植密度、调整灌溉和施肥量，最大化地利用土地资源，减少农业生产中的资源浪费。精细化的种植策略可以优化农业资源，实现智慧农业。在大数据时代，农民通过对多维度的农业信息进行精细分析，制定了精准的种植策略，为农业生产提供了全新的优化路径。

大数据分析为农民提供了详尽的土壤、气象等数据，使其能够科学合理地选择适宜的作物。根据土壤成分、pH 值、气温等数据，农民可以明智地选择对这些条件适应性较强的作物，提高作物的产量和质量。通过大数据分析，农民可以了解到不同地块的土壤肥力状况及气象条件的差异。

基于这些信息，农民可以调整不同地块的种植密度，实现对土地资源的最优化配置。合理的种植密度既可以提高单株作物的产量，又能避免资源过度利用。针对不同地块的土壤湿度差异，大数据分析为农民提供了制定灌溉方案的科学依据。通过实时监测土壤湿度，农民可以调整灌溉的时间和水量，从而实现对水资源的智能利用，避免过量灌溉造成的浪费。

大数据技术为农民提供了关于土壤养分含量的详细信息，根据这些数据，农民可以调整施肥方案，精准施肥，避免因过量施肥导致的养分流失和土壤污染。这样的施肥策略既有利于提高农产品质量，又能减少农业对环境的不良影响。大数据分析也在智能化农业机械的运用中发挥了关键作用。通过对土壤、气象等数据的实时监测，智能化的农业机械可以根据不同地块的特点进行智能调整，实现对土地资源的高效利用。

(三)智能化的水资源管理

大数据应用使水资源的监测和管理更加智能化。通过实时监测气象、土壤含水量等信息，农业生产者可以更精准地制订灌溉计划，避免因灌溉不足或过量而造成的水资源浪费。智能灌溉系统能够在确保农田得到充分灌溉的情况下节约水资源。智能化的水资源管理可以优化农业灌溉，实现水资源的智慧利用。随着大数据技术的广泛应用，水资源的监测和管理进入了智能化的时代。

大数据技术为农业生产者提供了实时监测水资源状况的便捷手段。通过监测气象、土壤含水量等信息，农业生产者可以获取准确的水资源状况。这种实时监测使农业生产者能够及时地了解农田的水分状况，为决策提供科学的数据支持。大数据推动了智能化灌溉系统的发展，使农田的灌溉更加智能、高效。通过传感器网络和大数据分析，智能灌溉系统可以根据不同地块的土壤湿度、作物需水量等信息，实现精准的灌溉计划，这有助于避免因灌溉不足或过量而造成的水资源浪费，提高灌溉的效益。智能灌溉系统的运用有助于提高农田水资源的利用效率。通过合理调整灌溉时间和水量，系统能够确保农田在得到充分灌溉的同时，减少水资源的浪费，这对农田实现可持续利用水资源具有重要意义。

大数据技术的应用能够使农业生产者更好地了解农田的水分需求，从而更加科学地制订灌溉计划。这种精准的水资源利用有助于避免因灌溉不当而造成的水资源过度消耗，实现对水资源的有效利用。智能灌溉系统的运用是智能农业发展的一部分，其推动农业向着更为可持续的方向迈进。通过科学管理水资源，农业生产者能够更好地适应气候变化，保护生态环境，实现农业的可持续发展。

(四)预测性的病虫害管理

大数据分析还可以在病虫害防控方面提供预测性的信息。通过监测病虫害传播模式、季节性变化等信息，农民可以提前采取相应的防控措施，减少对农药的过度依赖，降低农业生产中的资源成本。预测性的病虫害管理可以利用大数据分析优化防控策略。大数据分析在农业领域不仅可以提高生产效率，还能为病虫害的防控提供预测性的信息，从而实现更加智能和可持续的农业生产。

大数据通过对病虫害传播模式的监测，能够提供关键的信息，包括传播速度、传播范围等。农民可以通过这些数据了解病虫害的传播趋势，从而在发生之前就采取针对性的措施，降低病虫害对农作物的危害。季节性变化对病虫害的发生有重要的影响。大数据分析可以帮助农民预测季节性变化(如温度、湿度等因素的变化)对病虫害的影响。通过提前了解这些季节性变化，农民可以在适当的时机采取相应的防控措施，提高防治的效果。大数据技术可以实时监测病虫害的发展趋势，为农民提供实时的数据支持。通过及时了解病虫害的发展情况，农民可以更加迅速地调整防控策略，减少病虫害对农作物的损害。

基于大数据的分析结果，农民可以提前采取科学有效的防控措施，从而减少对农作物的危害。这种预测性的管理方式有助于降低作物对农药的依赖程度，减轻对环境的压力，实现农业生产的可持续性发展。通过提前预测病虫害，农民可以有针对性地施用农药和防治手段，避免过度施用，从而降低农业生产的成本，这对于实现农业的经济可持续性具有积极的作用。

(五)资源综合利用

大数据技术有助于优化资源的综合利用。通过分析农业生产中的副产品、废弃物等，制定资源综合利用的方案，如生物质能源的开发、有机肥料的生产等。这样的做法不仅减少了资源的浪费，还实现了资源的循环利用。资源综合利用促进大数据助力农业循环经济。大数据技术在农业领域的应用不仅有助于提高生产效率，还能推动资源的综合利用，实现农业的可持续发展和循环经济的目标。

通过大数据分析，农业生产中的副产品可以得到更全面的利用。例如，农业废弃物可以用于生物能源的生产，通过先进的技术手段，将废弃物转化为能源，减少对传统能源的依赖，实现资源的高效循环利用。大数据技术可以协助农民对废弃物进行综合分析，找到废弃物中有价值的成分，并通过再生产的方式将其转化为新的农业产品。这种方式既减少了废弃物对环境的负面影响，又实现了废弃物的再利用。通过分析土壤质量、作物生长状况等信息，农民可以精准制定有机肥料的生产方案。有机废弃物可以被合理地转化为有机肥料，提供植物所需的养分，实现从废弃物到资源的转化，促进土地的可持续利用。

大数据技术有助于建立循环农业系统，通过监测和分析农业生产链条中的各个环节，实现资源的高效利用和再生产。例如，在农业生产和食品加工过程中，通过循环再生的方式减少能源和水资源的浪费。大数据为农业决策提供了全面的信息支持，包括资源的产生、利用、再生等各个环节。农民和农业管理者可以依据这些数据作出科学的决策，推动资源的综合利用，实现农业可持续发展的目标。

(六)经济效益与资源平衡

综合考虑生产成本、资源利用效率等因素，使大数据分析为农业提供更科学、合理的决策依据。通过经济效益分析，农民可以优化作物结构，选择更符合市场需求的农产品，实现资源的平衡配置。大数据助力农业科学决策，大数据分析在农业中的应用为农民提供了更科学、合理的决策依据。综合考虑生产成本、资源利用效率等因素，有助于实现经济效益的最大化和资源的平衡配置。

大数据分析助力农业生产实施生产成本的精准掌控。通过监测各个环节的成本，包括种子、肥料、农药、机械使用等，农民可以全面了解生产过程中的开支情况，这有助于精细化管理，降低不必要的成本支出，提高经济效益。基于大数据分析，农民可以更好地了解市场需求和价格趋势。通过对不同作物的经济效益进行评估，农民可以优化作物结构，选择更有利可图的农产品，提高农业生产效益，实现农业经济的可持续发展。

大数据分析为农民提供了科学的决策依据，降低了投入的经济风险。农民可以根据市场需求和气象等因素，调整种植计划，减少自然灾害或市场波动导致的损失，提高生产的稳定性。大数据分析帮助农民更好地了解土壤状况、气象条件等，从而优化资源利用效率。通过合理施肥、科学灌溉等方式，农民可以实现资源的最大化利用，在提高产量的同时减少资源浪费，实现经济效益与资源平衡的良性循环。大数据分析可以帮助农民更准确地了解市场需求，预测市场供给情况。农民可以根据这些信息进行生产规划，使生产更好地满足市场需求，实现市场需求与供给的平衡，以提高农产品的市场竞争力。

三、智能化农机与自动化管理

大数据在农机装备上的应用使农业机械更加智能化。例如，智能化农机可以根据土壤条件和作物需求自主调整作业方式，实现更高效的农业生产管理，这有助于提高农业生产效益，降低土地的负荷。

(一)自适应作业技术的应用

大数据技术为农机装备引入了自适应作业技术。通过实时监测土壤质量、湿度和气象条件等因素，智能化农机能够自主调整作业方式，如翻耕深度、播种密度等，以适应具体的农田状况。这提高了机械作业的适应性和灵活性，最大化地发挥了土地潜力。自适应作业技术的引入是农业机械的未来。

自适应作业技术基于大数据可以实时监测土壤质量和湿度。通过传感器网络，农机能够准确地获取农田中土壤的物理和化学特性，以及土壤的湿度状况。这为机械作业提供了基础数据，使农机可以更好地了解土地的实际状况。农机可以获取实时的气象数据，包括温度、湿度、降水量等，这有助于农机根据气象变化进行及时调整，如在天气恶劣时减缓作业速度，以防止对土地的不良影响。基于大数据分析，智能化农机能够自主调整机械参数，包括翻耕的深度、播种密度等。农机通过实时数据分析，根据土壤质量和湿度的变化，智能地调整工作方式，确保机械作业在不同土地状况下都能达到最佳效果。自适应作业技术还能够推动适应性作物的选择。通过对土地特性的深入分析，农民可以在不同地块选择更适应土地条件的作物，提高农业生产的效益。农机利用大数据分析，能够在作业过程中及时调整，使机械的运行更加智能化、灵活，以确保土地得到最佳的保护和利用。

（二）农机智能巡航和路径规划

大数据的应用还使农机实现了智能巡航和路径规划。通过对农田的地形、作物生长情况等进行全面分析，农机可以智能规划行进路径，避开障碍物，减少重复作业，提高作业效率。这种自主性的路径规划有助于减少对土地的损害，实现精准农业。农机智能巡航与路径规划也体现了大数据时代的农业进步。

大数据分析为农机引入了智能巡航技术。通过对农田地形的深入分析，农机能够智能地规划巡航路线。这确保农机能够在不同地形条件下自主调整巡航方式，最大限度地适应土地的特点。路径规划不仅考虑了地形，还全面考量了作物的生长情况。基于大数据对作物生长的实时监测，农机可以智能调整路径，避开生长期作物所在的区域，减少对作物的损害，提高农业生产的可持续性。大数据在智能农机上的应用还体现在避障技术上，通过对障碍物的实时识别和分析，农机能够及时调整行进路径，避免碰撞。这不仅提高了农机的安全性，还减少了对农机设备的损耗。智能路径规划还有助于减少重复作业。通过避免在同一区域重复行进，农机能够更加高效地完成作业任务。这不仅提高了作业效率，还减少了能源浪费，符合可持续农业的理念。农机在作业中能够更加智能地根据土地和作物的状况进行调整，减少不必要的损耗，为农业生产提供更为可持续和环保的解决方案。

（三）实时监测与反馈系统

智能化农机配备了实时监测与反馈系统，通过传感器等设备实时采集农田数据，包括土壤湿度、养分含量等信息。基于这些数据，农机能够实时调整作业参数，如调整灌溉水量、施肥量等，实现农业生产的最优化管理。实时监测与反馈系统是智能农机的农业生产优化。

智能化农机通过先进的传感器实现实时数据采集，这些传感器可以监测土壤湿度、养分含量等关键参数。实时数据为农机提供了农田状况的详尽信息，为农业生产的科学管理提供了基础。通过实时监测土壤湿度，智能农机能够根据不同地块的实际情况实时调整灌溉水量。这有助于避免因灌溉不足或过量而造成的土壤问题，提高水资源利用效率，实现精准灌溉。实时监测土壤中的养分含量，使农机能够精准评估土地的养分状况。基于这一信息，农机可以智能地调整施肥量，确保作物获得适当的养分供应，提高农产品的质量和产量。智能农机通过实时监测数据，可以在作业过程中实时调整关键参数。例如，根据实时监测到的农田状况，农机可以调整作业深度、播种密度等参数，最大限度地满足不同地块的需求，提高农业生产的效益。实时监测与反馈系统的应用使智能农机能够更全面、更精细地管理农业生产。根据实时数据进行智能调整，农机实现了农业生产的最优化管理，提高了生产效益，降低了资源浪费。

（四）智能收获技术的应用

在农业生产的末端，智能收获技术也得到了推广。通过分析作物的生长情况、成熟度等数据，智能化收获设备能够精准识别最佳的收获时机，从而避免浪费并提高农产品的质量。智能收获技术的应用是提升农业生产效益的途径。

智能收获技术通过大数据分析作物的生长情况，实时监测生长过程中的关键参数，包括作物的高度、生长速度、果实成熟度等。数据分析为智能收获设备提供了准确的信息基础，使其能够做出智能的收获决策。基于对作物生长情况的深度分析，智能收获设备能够精准识别最佳的收获时机，避免因提前或延迟收获而造成的农产品质量下降或浪费问题。智能识别收获时机有助于确保农产品的口感、营养和外观的最佳状态。

智能收获技术不仅能识别最佳时机，还可以通过大数据分析优化作业路径。农田的实时数据，如地形、障碍物分布等信息，可以帮助智能收获设备规划最优路径，提高作业效率。此外，机械部分的调整，如割刀高度和力度的智能调整，有助于减少损耗和损伤。智能收获技术有助于优化资源利用，减少农业生产中的浪费。通过准确识别收获时机，农民可以避免因提前或延迟收获而导致的农产品浪费，这有助于提高农业资源的利用效率，降低生产成本。在最佳时机收获，农产品能够保持最佳的口感和营养价值，从而提高其市场竞争力。

（五）大数据分析优化农机配置

大数据分析还可以帮助农民优化农机配置。通过对大量农机运行数据的分析，可以得到农机的工作效率、能源利用效率等数据，为农民提供合理的农机配置建议，降低生产成本，提高经济效益和农业生态效益。

大数据分析为农机的工作效率提供了全面的评估。通过监测农机的运行数据，包括作业速度、作业深度、油耗等，农民可以了解每台农机的实际工作表现。这有助于识别工作效率较低的农机，为提升整体作业效率提供基础数据。农民可以通过了解每台农机在作业中的能源消耗情况，从而选择更节能的农机。这有助于降低生产成本，提高农业生产的可持续性。根据农地大小、土壤类型、作物种类等信息，农民可以优化农机的配置，确保农机种类和数量的科学匹配。这有助于避免农机配置过剩或不足的问题，提高农业生产效益。通过比较分析不同农机的智能化水平，农民可以选择配备更加智能化的农机设备。智能农机具有自主调整作业参数、自适应作业环境等功能，有助于提高农业生产的智能化水平。避免农机低效作业，可以提高农机的利用率，并最终提高农业生产的效益。这有助于在现代农业中更加科学合理地配置资源，推动农业向着可持续发展的方向迈进。

四、精细化农业风险管理

大数据技术还可以应用于农业风险管理。通过分析历史数据和当前环境因素，农民可以更好地预测可能发生的自然灾害、气候变化等风险，采取相应的措施，降低农业生产的不确定性。精细化农业风险管理可以降低不确定性，提高农业生产的可持续性。

（一）气候变化的风险预测

大数据分析可以整合历史气象数据、当前气象状况及全球气候模型，为农民提供更准确的气候变化预测。通过对气候趋势的深入分析，农民可以更好地了解可能发生的气象极端事件，如干旱、洪涝等，从而采取相应的预防和缓解措施，降低农业生产受灾的风险。气候变化的风险预测能洞悉未来，是智慧农业的关键。

大数据技术能够汇总、分析多年来的气象数据，揭示气候的周期性和趋势。通过对历史数据的深入挖掘，农民可以更好地理解气候变化的规律，从而预测未来可能发生的变化。这有助于农民及时调整种植计划和农业管理策略，更好地适应潜在的气象变化。传感数据、卫星数据等实时信息的获取使农民能够更迅速地了解当前的气象状况，包括降水量、温度、湿度等。这为他们提供了即时决策的基础，有助于在气象突变时采取紧急行动，降低作物受灾的可能性。

大数据分析全球气候模型，可以提供更加全面的气象信息，帮助农民了解全球范围内的气候变化趋势。这有助于制定更长远的农业规划，适应未来可能的气候变化。同时，全球气候模型也能为政府和国际组织提供参考，促进全球气候变化应对的国际合作。大数据分析不仅能够预测气象的一般趋势，还可以评估极端降雨、严重干旱等极端气象事件。农民可以根据这些概率信息，调整农业生产策略，如改变作物种植结构、提前采取灾害防范措施等，以减轻可能的灾害影响。基于准确的气象变化预测，农民可以制定更有效的预防和缓解措施，包括改进灌溉系统、调整播种时机、选择更适应气候变化的作物品种等。通过提前预判可能的气象风险，农民能够更好地应对挑战，提高农业生产的可持续性。

（二）病虫害暴发的预测与防控

通过对农田病虫害的历史数据和环境因素进行监测，大数据技术可以提前预测到病虫害的暴发概率。农民可以根据这些预测结果采取精准的防控措施，减少对农作物的损害。这有助于提高作物的产量，降低农业生产的风险。病虫害的预测与防控是智慧农业的关键作用。大数据技术通过对农田病虫害的历史数据进行深度分析，揭示了病虫害的周期性规律。通过了解不同病虫害的季节性暴发趋势，农民可以预测未来可能的发生时机，从而有针对性地制定预防和应对策略，降低农业生产风险。

大数据技术可以监测环境因素，如温度、湿度等，通过分析这些环境因素，农民可以更准确地判断哪些区域或作物更容易受到病虫害的侵袭，从而提前制定相应的防控方案。大数据的实时监测能够通过传感器技术来实现。这意味着农民可以获得实时的农田状态数据，包括植被指数、土壤湿度等。当异常情况出现时，系统能够及时发出预警，使农民能够更迅速地做出反应，提前采取防控措施，最大限度地减少病虫害的扩散。

大数据技术能够构建病虫害暴发的预测模型，并不断改进模型的准确性。通过整合多源数据，包括气象、土壤、植物生长等多个方面，预测模型可以更全面地评估病虫害的潜在威胁。这使农民能够更加准确地制订农业生产计划，提前采取防控措施。基于大数据的准确预测，农民可以实施精准防控策略，包括有选择性地施用农药、天敌引入、合理的轮作制度等，最大限度地减少农药对生态环境的影响，实现对病虫害的有效控制。这种生态友好的策略不仅有助于维护农业生态平衡，还能够保证农产品的质量。

（三）土壤质量与肥料利用的优化

大数据分析可以评估土壤质量、养分含量等数据，为农民提供土地管理的科学建议。通过了解土地的健康状况，农民可以调整施肥方案、选择适宜的作物，从而优化土地利用情况，减少因土壤问题产生的生产风险。土壤质量与肥料利用的优化是运用科技赋能农业可持续发展。

大数据分析技术通过实时监测土壤的质量和养分含量，为农民提供了详尽的土地信息，包括土壤的 pH 值及有机质、氮、磷、钾等养分含量。通过深入了解土地的健康状况，农民能够有针对性地采取措施，提高土地的生产力。大数据分析为智能农业提供了科学的施肥建议。通过结合土壤质量和作物需求等信息，农民可以制定个性化的施肥方案。这种个性化的管理方式避免了过度施肥或养分不足的问题，提高了施肥的效率，降低了农业生产对土地资源的负担。

大数据分析还可为农民提供关于作物适应性和轮作制度的建议。了解土壤质量的变化和养分水平，农民可以更科学地选择适宜的作物品种，并制订合理的轮作计划。这有助于减少土地疲劳，维持土壤健康，提高农业生产的可持续性。通过监测土壤湿度和气象条件，智能化灌溉系统可以实现精准灌溉，确保作物获得足够的水分。这不仅有助于提高产量，还减少了水资源的浪费。通过合理利用大数据，农民可以根据土地实际需求制订灌溉计划，最大化地保持土壤水分。大数据分析为实现生态友好型农业提供了支持。通过综合考虑土壤质量、养分水平和生态环境，农民可以采取有机肥料、生物防控等生态友好的农业实践。这种可持续的管理方式不仅有益于土地的长期健康，还有助于提高产品的品质。

（四）市场需求的预测

大数据分析可以综合考虑市场供求、消费趋势等因素，为农民提供更准确的市场需求预测。农民可以根据市场需求调整作物结构，选择更有市场竞争力的农产品，降低因市场波动产生的销售风险，提高农业经济效益。

大数据分析技术为农民提供了全面的市场供求信息。通过整合历史销售数据、消费趋势和全球市场变化等多方面的信息，农民能够更好地了解市场动态。这种全面的市场洞察有助于农民更精准地预测市场需求，降低因市场波动产生的经济风险。基于市场需求分析，农民可以灵活地调整作物结构，使其更符合市场需求。通过了解不同农产品的销售前景，农民可以选择相对适宜的作物种植，避免盲目跟风，提高农产品的市场竞争力。这种精准的结构调整有助于降低库存压力，提高销售收益。

大数据分析为农产品的产销对接提供了更科学的依据。农民可以通过市场需求预测，有针对性地调整生产计划，确保农产品的产量与市场需求相匹配。这有助于避免因产销脱节而造成的滞销问题，提高销售的效率。大数据技术还可以帮助农民了解不同区域市场的差异。市场需求因地域而异，了解不同地区的消费习惯和偏好，可以使农民更有针对性地制定销售策略。这种差异化的市场分析有助于农民更灵活地调整生产，提高农产品的市场适应性。通过大数据分析，农民可以更长远地把握市场趋势。了解消费者的健康意识、环保倾向等信息，农民可以调整生产方向，培育更符合未来市场趋势的农产品。这有助于农业生产与市场发展保持良性互动，提高农业的长期竞争力。

（五）资源配置与投入产出分析

通过大数据分析，农民可以更精确地评估资源的投入与产出关系，包括劳动力、水资源、农药等的投入与相应农产品产出的关系。通过科学合理的资源配置，农民可以最大化农业生产的效益，减少农业生产中不必要的浪费，提高农业生产的可持续性。资源配置与投入产出分析可以实现农业生产的科学经营。

大数据分析为农业劳动力的合理配置提供了科学的依据。通过对生产流程的监测和分析，农民可以了解每个环节的劳动力需求，避免配置过度或不足。科学合理的劳动力配置有助于提高生产效率，降低生产成本，最终实现投入与产出的平衡。在农业生产中，水资源是至关重要的因素之一。大数据分析可以监测土壤湿度、降水情况等，为农民提供科学的灌溉建议。通过合理的水资源管理，农民可以在保证农田得到充分灌溉的同时，避免过量用水，实现水资源的可持续利用，确保水资源投入与产出的协调。大数据技术有助于农民更精准地施用农药和化肥，减少农业对环境的不良影响。通过监测病虫害的传播模式和土壤养分含量，农民可以避免不必要的农药和化肥投入，减轻农业对环境的压力，实现资源的科学利用。大数据分析可以帮助农民更准确地评估资金投入与农产品产值之间的关系。通过对历史数据和市场趋势的综合分析，农民可以更科学地决策资金的投入规模，确保资金的使用与产值的增长相匹配。这种科学的投入产出分析有助于降低财务风险，提高农业生产的盈利水平。大数据分析还能为农业的可持续发展提供支持。通过对资源投入与产出效益的长期监测，农民可以调整生产策略，确保农业经营的可持续性。这种长期的可持续性考虑有助于避免对自然资源的过度开发，实现农业与环境的和谐发展。

五、农产品供应链的可追溯性

大数据在农业领域还可以为农产品供应链增加可追溯性。通过记录农业生产全过程(从种植、养殖到采摘、加工和销售)的数据，确保农产品的质量和安全，提高土地资源的利用品质。农产品供应链的可追溯性是确保质量与安全的重要保障。

在农业生产的初级阶段，大数据技术可用于记录种植与养殖的全过程数据，包括土壤质量、施肥施药情况、养殖环境参数等。全面记录这些数据可以确保农产品的生产环节得到科学管理，提高农产品的质量。在采摘与加工环节，大数据可以实时监测生产情况。传感器和监控设备可以记录采摘时间、温度、湿度等关键数据，保障采摘与加工过程的卫生和质量。这些数据也可用于及时发现潜在的风险，确保农产品的安全性。在农产品运输和储存的过程中，大数据可以建立完善的追溯体系。通过物联网技术，实时监控产品的运输温度、湿度等条件，确保产品在整个供应链过程中的安全性和新鲜度。同时，建立追溯体系有助于在发生问题时快速定位责任并采取应对措施。在零售与消费环节，大数据可以提供详细的产品信息。通过二维码、条形码等技术，消费者可以扫描获得农产品的全程信息，包括产地、生产过程、检测报告等。这种信息透明度有助于建立消费者对产品的信任，推动更加负责任的生产和销售。一旦出现质量问题，大数据的应用还可以进行问题的追溯。分析相关数据可以确定问题的根源，并及时采取相应的纠正措施。这种问题溯源的机制有助于不断改进农业生产过程，提高农产品的整体质量水平。

第二节　大数据助力农田提取智能化和数字化趋势

一、农田提取智能化研究

农田作为人类生存与发展的基石，对保障国家粮食安全和社会稳定至关重要。然而，近年来伴随我国城市化进程的迅猛推进，以及城市扩张、工业及交通建设的蓬勃发展，农田面积不断缩减。与第二次全国土地调查时 20.308 亿亩的耕地面积相比，第三次全国土地调查的结果显示，耕地面积已缩减至 19.179 亿亩，减少了约 1.13 亿亩。农田面积的显著下降给我国的农业生产和粮食产量稳定带来了严峻挑战，因此坚守 18 亿亩耕地红线，确保粮食种植面积稳定显得尤为重要。

要实现这一目标，首要任务便是全面准确地掌握农田的基本信息，包括农田的面积和分布等关键数据。这不仅能让我们及时发现在农田保护中存在的问题和隐患，还能为制定有针对性的解决方案提供有力依据，进而推动农业的可持续发展。因此，高效精准地提取农田信息，为精准农业、农业资源管理和农业生产提供坚实的数据支撑，具有深远而迫切的现实意义。

（一）农田提取智能化的背景

早期的农田测绘提取工作主要依赖人工实地勘测。我国农田数量众多、面积辽阔且分布零散，这种传统方式不仅会耗费大量的人力与物力资源，而且在统一协调、作业周期及结果的广泛一致性和时效性方面均面临显著挑战。然而，随着 RS 技术的飞速进步，越来越多的遥感对地观测平台被建立起来，使我们能够获取的遥感影像数量激增，这为通过 RS 技术提取农田信息提供了全新的可能，并逐渐发展成为农田测绘的关键方法。

在传统方式下利用遥感影像进行农田提取主要依赖人工的判断和视觉解读，既耗时又费力，而且极易受解读人员经验和心理状态的影响，导致解读结果出现偏差。面对如今海量的遥感影像数据，单纯依靠人工视觉解读的方式已经远远无法满足实际需求，迫切需要寻找一种自动化、智能化的解决方案，可以更高效、准确地完成遥感影像中的农田提取任务。

在科技的发展进步下，深度学习技术，特别是基于卷积神经网络的深度学习算法，在人工智能领域取得了迅猛发展，并广泛渗透至遥感领域。这一技术为遥感影像的智能解译开辟了新路径，极大地促进了农田自动提取的可能性。在遥感影像智能解译的核心任务——语义分割中，该技术通过深入挖掘遥感影像的特征，实现了像素级别的农田类别判定，精准地描绘出了农田的分布情况。

然而，遥感影像的获取并非毫无限制。由于遥感传感器成像平台的硬件局限性，其所获取的影像往往难以兼顾高光谱分辨率与高空间分辨率的双重需求。在农田提取任务中，这两者是确保和提高精度的关键所在。单一传感器数据源的信息容量相对有限，如 Sentinel-2 卫星数据凭借其覆盖广泛、光谱信息全面且免费获取的优势，在土地变化监测、灾害预警及农业调查等多个领域得到了广泛应用，但其空间分辨率不足，难以满足农业生产领域日益提升的标准化需求。另外，航空可见光数据以其高分辨率、快速成像及相对低廉的获取成本等优势，成为当前精准农业不可或缺的数据源，但其光谱信息相对匮乏，这在一定程度上影响了农田提取的准确性。

为了克服这一难题，大数据融合技术应运而生。该技术通过巧妙地整合航空影像与 Sentinel-2 卫星影像，实现了数据源信息量的有效扩充和空间分辨率的显著提升。这一整合不仅更全面地表征了农田信息，还为高精度农田提取奠定了坚实基础。

(二)遥感技术助力农田提取智能化的发展

农田作为土地利用研究的关键一环，因其分散的布局和复杂的耕作模式，给准确统计带来了不小的挑战。RS 技术的引入为农田面积、分布等信息的自动化提取提供了可能，有力地推动了智慧农业的发展，包括农作物产量的预测、为农民提供精准的田间管理分析等。随着 RS 技术的不断进步，遥感影像农田提取的算法日益丰富，同时多源数据融合算法也在持续迭代，为整合多源遥感数据进行农田提取奠定了稳固基础。

近年来，遥感设备和传感器平台迅猛增长，遥感数据量呈爆炸式增长。常见的可见光数据、多光谱数据、高光谱数据等各自代表了地面场景的不同特征。然而，受限于遥感成像设备的物理条件，在追求高光谱、高分辨率的同时，往往难以兼顾空间分辨率，导致单一遥感传感器难以全面捕捉地面信息。在高精度的遥感应用中，空间分辨率与光谱分辨率同等重要，但两者难以兼得，这成为制约遥感任务精度提升的一大"瓶颈"。

不同类型的遥感传感器或不同配置下的传感器所收集的数据往往蕴含着丰富的互补信息，这促使人们思考如何将这些互补信息进行有机整合，于是多源数据融合技术应运而生。多源数据融合，简言之，就是通过合并不同传感器平台的数据来提升信息提取的精确度和可靠性。这一融合过程主要分为三个层次：像素级、特征级和决策级。像素级融合是在包含同一场景但具有互补信息的多个图像中生成一个综合图像。这种方法能够显著提升空间分辨率，增强图像的结构和纹理细节。然而，它也需要处理大量的预处理信息，因此处理时间相对较长。特征级融合是提取不同数据源中的图像特征，然后采用特定的方法对这些特征进行综合和整理。这一过程能够提高信息的可信度，因为它结合了多个数据源中的关键信息。决策级融合结合了多种算法和准则，对输入数据进行了低层次的融合，并基于融合信息制定了决策方案。它评估了各个决策方案的可信度，从而得出了最优的处理决策，且最终生成了融合图像。

传统的多源遥感图像融合方法主要是将低空间分辨率的多光谱图像与高空间分辨率的全色图像进行结合，生成既具有全色图像的空间分辨率，又保留多光谱特性的图像。例如，全色锐化就是像素级融合的例子。然而，该方法在特征提取和融合规则上的复杂性，可能会导致部分光谱信息在融合过程中丢失，从而影响精度。此外，遥感数据融合相较于普通数据融合对空间和光谱保真度的要求更高，其旨在实现分辨率的提升。因此，将传统方法扩展到多传感器、多时相数据的融合时会遇到一定的限制。

二、当前多源遥感影像融合农田提取的挑战

尽管遥感影像农田提取与多源遥感数据融合领域的研究已经取得了显著的进展，但在多源遥感数据融合农田提取的实践应用中，依然面临诸多深刻且亟待解决的问题。

(一)农田数据样本的稀缺性与多样性不足

农田数据样本的稀缺性与多样性不足构成了一大障碍。在理想情况下，多源遥感数据样本的获取应能涵盖同一地区的多种模态数据，以充分展现农田在不同光谱、空间和时间尺度上的特征。然而，在现实情况中，公开可用的数据集往往受限于样本数量，且多为单一传感器数据，缺乏必要的地理信息和多模态数据的对应性。此外，现有农田样本的分辨率普遍

较低，难以满足智慧农业对农田精细化管理和精准提取的高要求。这种数据稀缺性和多样性不足不仅限制了模型的训练效果，还影响了农田提取的准确性和可靠性。与单源遥感数据相比，多源遥感数据样本的获取更加复杂，因为它要求获取同一地区的多种模态数据。然而，目前可用的公开数据集普遍存在样本数量不足的问题，且多为单一传感器数据，缺乏地理信息，难以获取其他模态的对应区域数据。此外，现有公开数据集中的农田样本分辨率较低，无法满足智慧农业对农田精细化提取的需求。

（二）多源影像最佳获取时间窗口的选择和优化问题

多源影像最佳获取时间窗口的选择和优化问题依然严峻。时间序列数据在农田提取中扮演着至关重要的角色，其能够揭示农田在不同生长阶段的变化规律。然而，中高分辨率卫星平台的重访周期较长，且光学影像的获取受天气、季节等多种因素的制约，导致完整的长时序卫星影像难以进行收集。此外，多时相数据带来的计算量大、数据冗余等问题进一步加剧了这一挑战。如何在有限的影像数据条件下优化时间窗口的选择，最大限度地提升农田提取的精度和效率，是当前研究中的一大难题。

（三）多源数据融合技术的局限性和创新性不足

多源数据融合技术的局限性和创新性不足也是制约农田提取精度的重要因素。尽管现有的多源数据融合方法在一定程度上实现了不同模态、不同时相数据的融合，但在面对农田提取这一具体任务时，仍存在诸多不足。例如，不同模态、不同时相的数据特征提取及融合方式缺乏针对性和灵活性，导致融合效果不尽如人意；模型在适应不同地区农田种植差异方面的泛化能力有限，难以满足不同区域、不同作物类型的农田提取需求。因此，如何创新性地改进多源数据融合技术，更好地服务农田提取任务，是当前研究中的一大挑战。

在无法获取完整多时相卫星影像的情况下，如何有效地融合单一时相的高分辨率航空数据和少量时相的卫星数据，仍是一个需要探讨的问题。鉴于航空数据与卫星数据在内容和应用上的差异，以及遥感影像中光谱和空间信息的重要性，应根据具体需求，有针对性地挖掘单时相航空影像与少时相卫星影像的信息。现有的多源数据融合网络在农田提取方面仍存在不足，如不同模态、不同时相的数据特征提取及融合方式，模型适应不同地区农田种植差异的泛化能力等都需要进一步研究与优化。

三、多源遥感数据融合农田提取的方法

在单时相高分辨率航空遥感影像的基础上叠加不同数量的多时相低分辨率卫星遥感影像，分别对其进行融合分类进而实现农田提取，通过遍历所有可能的时间窗口组合，分析多源影像融合农田提取中卫星影像获取的最佳时间和数量。具体研究方法如下，首先，收集农田种植期间单时相的航空影像和多时相的无云卫星影像，对卫星影像进行大气校正等预处理并按获取的时间顺序先后编号，方便排列组合；其次，对所有可能出现的时间窗口进行组合，每个组合均叠加该组所有可用的影像，并单独训练一个随机森林（Random Forest，RF）分类器进行农田提取；再次，根据真实数据标注，对每个实验组进行统计和精度评价；最后，依据各组的精度排名表现和多源数据中不同时相重要性排序，确定多源遥感影像融合农田提取中影像获取的最佳时间窗口。

卫星影像分支在处理输入数据时，先对其进行采样处理，经过卷积、归一化处理后与航空影像数据共同输入融合模块，将融合结果与输入融合模块之前的特征图进行拼接处理，然后共同输入下个池化层，直至编码过程结束。此处仅使用简单的卷积层和池化层对卫星数据分支进行信息提取，其原因是卫星数据分辨率较低，所含信息较少，可以保证网络整体计算量不会大幅增加。

随着农业科学技术的日新月异，智慧农业正逐步成为引领现代农业生产管理的重要风向标。智慧农业的核心在于，通过高度精细化的农田信息提取，实现对农田资源的精准管理与优化配置。这一目标的实现离不开对农田信息全面、准确、实时的掌握，而这一切的基础正是精细化的农田提取技术。

RS 技术作为现代信息技术的杰出代表，以其独特的时空与光谱分辨率优势，为农田信息的精确提取提供了前所未有的数据源。从低空无人机拍摄的高分辨率影像到高空卫星捕捉的广域多光谱图像，再到时间序列的遥

感数据，这些多样化的遥感影像数据共同构建了立体、全面的农田信息监测网络。它们不仅记录了农田在不同时间、空间尺度上的变化，还揭示了农田在不同光谱波段下的特征，为农田的准确识别与提取提供了坚实的数据支撑。

然而，面对这些海量、复杂且多变的遥感数据，如何高效地从中提取出农田信息，成为亟待解决的技术难题。传统的农田提取方法往往依赖单一数据源或简单的数据融合策略，难以充分挖掘和利用遥感数据的全部潜力。因此，我们需要探索更加先进、高效的多源遥感数据融合技术，以实现农田信息的精准提取。

多源遥感数据融合技术通过整合不同传感器、不同时间、不同空间分辨率的遥感数据，显著提升了农田提取的精度和效率。它不仅能够克服单一数据源在信息量、覆盖范围或分辨率等方面的局限性，还能够通过数据间的互补与增强揭示出农田信息的更深层次特征。这种技术的应用不仅有助于我们更准确地掌握农田的分布、面积、类型等基本信息，还能为农田的精准管理、作物生长监测、病虫害预警等提供有力的技术支持。

总之，智慧农业的发展离不开精细化的农田提取技术，而 RS 技术及其在多源数据融合方面的应用，正是实现这一目标的关键。随着技术的不断进步和应用的不断深化，未来的智慧农业必将更加精准、高效地服务农业生产管理，为农业可持续发展注入新活力。

第三节 大数据助力农业管理的有效途径

一、智能农机的兴起

随着大数据技术的发展，在农业生产中智能农机的应用逐渐增多。这些农机配备了先进的传感器和控制系统，能够实现自主导航、智能作业，从而提高农业生产的效率，减轻农民的劳动负担。科技的不断发展使农业生产领域也经历了一场数字化和智能化的变革。其中，智能农机的兴起成为农业现代化的重要标志，其通过引入大数据技术、传感器和先进的控制系统，为农民提供了更高效、智能的生产工具。

传感器技术在智能农机中发挥着核心作用。通过土壤湿度传感器、光谱传感器等先进设备，智能农机能够实时监测农田的各项参数，为精准的水资源管理、施肥、病虫害防治等提供数据支持。这些传感器不仅提高了农业生产的精准度，还实现了资源的有效利用，推动了农业的可持续发展。自主导航技术的突破使智能农机能够在农田中自由行驶，并自主避开障碍物，提高了农业生产的适应性和灵活性。这一技术使农机能够根据实际情况智能调整行进路径，在保证了农机安全行驶的同时又提高了作业效率。智能作业的实现依赖大数据分析和 AI 算法的应用。智能农机通过实时监测和智能决策，能够实现精准施肥、精准防治病虫害等作业，提高了农业生产的效益。这一技术的应用不仅减少了资源的浪费，还使农业生产更加环保和可持续。人机协同是未来农业生产的重要趋势。农民可以通过智能设备和移动设备实时监测农田情况，并对智能农机进行远程控制。这种方式不仅提高了农业生产的效率，还降低了农民的劳动强度。未来的人机协同将更加强调数据分析和智能决策的重要性，为农民提供更准确、科学的决策建议。

智能农机的兴起标志着农业生产方式的革新。随着科技的不断进步，智能农机将在未来继续发挥更大的作用，推动着农业向更加数字化、智能化的方向发展，为粮食生产提供更有力的支持。

二、传感器技术在农业中的应用

各种传感器技术的成熟与广泛应用，使农业领域可以实现对土壤、气象、植物状态等多个方面信息的实时监测。这为农业生产提供了更全面、精准的数据支持，有助于制定更科学、合理的决策。

传感器技术在土壤监测中的应用为农业生产带来了革命性的变化。农民能够实时获取土壤的湿度、温度、养分含量等关键信息，从而进行科学施肥、精准灌溉，最大化地提高土地利用效率，减少资源浪费。这种实时监测技术不仅突破了传统农业对静态信息的依赖，还使农民可以根据具体情况调整作物种植方案，选择更适宜的作物品种。传感器技术与决策支持系统的结合为农民提供了智能化的决策建议，使其能够更科学、更符合实际地管理农田。气象信息的实时获取也至关重要。传感器技术使农民能够实时掌握温度、湿度、风速等气象数据，从而更准确地预测气象变化，采取相应的防护措施，降低自然灾害对农作物的影响。这种高效、科学的管理方式极大地提高了农业生产的稳定性和可持续性。

植物生长状态监测传感器的应用为农民了解作物生长状况和病虫害情况提供了实时数据支持。通过分析这些数据，农民可以及时发现作物生长过程中的异常情况，如缺水、缺肥、病虫害等，从而及时采取措施，保障农产品的质量和产量。传感器技术与智能决策系统的结合使农业生产更加智能化。农民可以根据实时监测数据，制订科学合理的灌溉、施肥和病虫害防治计划，最大化地提高农业生产的效益。大数据分析在农业中的应用也日益重要。通过揭示隐藏在传感器数据中的模式和关联，大数据分析为农业科研和生产提供了更深层次的理解。这种深度洞察不仅有助于科研的深度挖掘，还推动了农业生产精细化水平的提升。传感器技术与大数据分析的融合使农业生产迈向了数字化、智能化的新时代，为提高产量、保障食品安全提供了强有力的技术支持。

三、物联网技术在农业中的运用

物联网技术在农业中的普及极大地促进了农业设备的互联互通，形成了一个智能化的农业生态系统。通过智能传感器、自动化灌溉系统和农业机械的互联互通，农田数据得以实时采集和传输，形成了一个全面的监测网络。这些设备根据实时数据进行协同工作，提高了农业生产的智能化和数字化水平。农民可以通过移动设备随时随地监控农田状态，及时了解作物生长状况和土壤情况，为科学决策提供支持。农业设备的互联互通不仅提升了农业生产的整体效益，还通过数据共享和实时监测实现了资源的优化配置和节约。例如，自动化灌溉系统能够根据土壤湿度智能调整灌溉计划，精准施肥系统能够减少肥料的浪费，这些都促进了农业生产的可持续发展。

物联网技术还为农业提供了智能决策支持和自动化的生产方式。基于传感器采集的数据，农业专业软件能够进行大数据分析，为农民提供精准的灌溉、施肥等建议，提高生产效益。同时，自动驾驶的农业机械和智能化的农田监测系统能够根据实时数据自主调整作业方式，提高作业效率，减轻农民的劳动强度。这些智能化和自动化的生产方式不仅提高了农业生产的效率，还通过优化资源配置和减少浪费实现了农业资源的可持续利用。物联网技术的应用推动着农业向更加智能、高效和可持续的方向发展，为农业的现代化转型提供了有力支持。

四、无人机在农业勘察与监测中的应用

无人机配备有高分辨率的摄像设备，能够对大片农田进行快速勘察和监测。这为农民提供了高质量的农田信息，有助于制订精细化的种植计划。

(一)高效的农田勘察

无人机配备有先进的高分辨率摄像设备，能够对大片农田进行高效的勘察。与传统的人工勘察相比，无人机可以更快速、全面地获取农田的信息，包括土壤质量、植被生长情况等。这为农民提供了及时准确的数据基础，有助于科学决策。随着科技的不断发展，无人机技术在农业领域得到了广泛的应用。其中，无人机在农田勘察方面表现出色，因其配备有先进的高分辨率摄像设备，为农民提供了高效、全面的农田信息。本部分将深入探讨无人机在高效农田勘察方面的优势和应用。

无人机技术的快速发展为农业生产注入了新活力。搭载各类传感器和摄像设备的无人机能够实现快速、精准的农田监测，为农业决策提供数据支持，特别是高分辨率的摄像设备，使对农田的高效勘察成为可能。

1. 高效性的优势

传统的人工农田勘察通常耗时且受人力、时间和地域的限制，相较之下，无人机能够在短时间内覆盖大片农田，实现高效的勘察。无人机不仅

能够在垂直方向上进行勘察，还可以实现低空、多角度的拍摄，为农民提供更全面的农田信息。

2. 数据的及时性与准确性

搭载高分辨率摄像设备的无人机能够实现对农田的实时监测。这意味着农民可以及时获取农田的准确数据，而非依赖周期性的人工勘察。及时的数据有助于农民对农田状况迅速作出反应，科学合理地制定农业管理策略。

3. 农业决策的科学基础

无人机勘察提供的高分辨率数据为科学决策提供了坚实的基础。通过对无人机图像的分析，农民可以了解土壤质量、植被覆盖状况、病虫害分布等关键信息。这样的科学基础有助于农民制定精准的农业决策，提高生产效益。

在高效的农田勘察方面，无人机技术展现了独特的优势，其高效性、数据的及时性与准确性，以及为科学决策提供的科学基础，使无人机在农业生产中发挥着越来越重要的作用。未来，随着技术的不断创新，无人机在农业勘察领域的应用前景将更加广阔。

(二)精准的农田监测

无人机能够定期对农田进行监测，实时获取植被指数、病虫害情况等数据。这种精准的监测有助于及时发现农田问题，如病虫害的暴发、作物生长异常等，为农民制定防治和管理策略提供依据。无人机技术的进步为农业生产带来了许多创新，其中精准的农田监测是重要的应用途径之一。本部分将探讨无人机在农田监测中的精准性，以及如何通过实时获取的各项数据来支持农民制定科学的农业管理策略。

1. 定期监测的优势

传统的农田监测方式通常是间歇性的，无法提供连续的数据支持。无人机可以定期对农田进行监测，实现全方位、多角度的数据采集。这种定期监测的优势使农民能够更全面地了解农田状况，有助于及时发现问题。实时获取关键数据。无人机配备先进的传感器和摄像设备，能够实时获取植被指数、土壤湿度、病虫害情况等关键数据。这些实时数据为农民提供了决策的依据，使其能够更加精准地制定灌溉、施肥、防治病虫害等管理策略。

2. 问题及时发现与处理

精准的农田监测使农民能够在问题出现初期就及时发现。通过对无人机获取的数据进行分析，农民可以识别植物生长异常、病虫害的蔓延等问题。及时处理这些问题有助于最小化损失，提高农业生产的稳定性。

3. 科学的农业管理策略的制定

无人机提供的精准监测数据为科学的农业管理策略的制定提供了科学依据。农民可以根据植被指数的变化制订灌溉计划，根据病虫害数据调整防治策略，从而最大限度地提高农田的产量和质量。

精准的农田监测是无人机技术在农业领域的重要应用。通过定期监测、实时数据获取和问题的及时发现与处理，无人机为农民提供了更全面、精准的农田信息，为制定科学的农业管理策略提供了有力支持。随着技术的不断进步，无人机在农业监测中的应用前景将更加广阔。

(三)数据的高分辨率和多样性

无人机携带多种传感器能够获取高分辨率的多光谱图像、红外线图像等多样化数据，这使农民可以更全面地了解农田的状态，包括植被健康状况、土壤湿度分布等，为农业生产提供更加详细的信息。无人机所携带的多种传感器为农田监测提供了高分辨率和多样性的数据。本部分将探讨这些数据对农业生产的影响，以及如何利用这些信息进行更全面的农田管理。

1. 多种传感器的应用

无人机配备有多光谱、红外线等多种传感器，这些传感器能够捕捉农田不同波段的数据。多光谱图像可提供植被的生长状况，红外线图像有助于检测土壤湿度和植物健康状况。这些多样性的数据源丰富了农田的观测角度。

2. 高分辨率数据的优势

高分辨率的图像能够捕捉到更加细致的地物特征，如单一植株的状态和土壤的微小变化。这种精细的观测使农民能够更全面、更准确地了解农田的细节，为农业生产提供更精准的数据支持。

3. 农田状态的全面了解

高分辨率和多样性的数据使农民可以全面了解农田的状态，不仅可以了解植被的健康状况，还能够观察土壤湿度的分布、植物生长的均匀性等。这有助于农民更准确地判断农田的整体状况，及时调整管理策略。这些多样性和高分辨率的数据为科学农业管理提供了强大的工具。农民可以根据植被的反射率制订施肥计划，通过土壤湿度数据调整灌溉方案，实现精准农业。这种数据驱动的管理方式有望提高生产效益，减少资源浪费。

高分辨率和多样性的数据为农业生产带来了新的可能性。无人机携带的多种传感器提供了更全面和精准的农田信息，为农民提供了更为科学、智能的管理工具。未来，这些数据的应用将为农业带来更大的效益。

（四）精细化的农业管理

基于无人机获取的数据，农民可以实现更为精细化的农业管理。通过分析无人机图像，农民能够调整灌溉方案、施肥计划等，实现农业生产的优化。这种精细化管理有助于提高农田资源的利用效率，减少农业生产中的浪费。随着无人机技术的发展，农业管理进入了一个精细化的时代。无人机获取的数据可以帮助农民实现更为精细化的农业管理，提高资源利用效率，减少生产浪费。

1. 无人机数据的获取

无人机配备有高分辨率摄像设备能够对农田进行全面、高效的勘察。通过分析大量图像数据，农民可以获得农田各个方面的详细信息，包括植被状况、土壤湿度、病虫害分布等。

2. 数据分析与灌溉优化

通过对无人机图像进行分析，农民可以了解农田的植被状况，判断不同区域的水分需求。这些信息有助于实现精准灌溉，避免灌溉过度或不足的情况发生，提高水资源的利用效率。

3. 施肥计划的调整

无人机数据还可以帮助农民制订更合理的施肥计划。通过分析植被的光谱数据，农民可以了解作物对养分的需求情况，有针对性地施用肥料，减少农业生产中的养分浪费。

4. 精细化管理对资源利用的影响

精细化农业管理通过数据驱动的决策，最大限度地提高了农田资源的利用效率。合理的灌溉和施肥方案不仅节约了水资源和肥料，还提高了作物的产量和质量，降低了生产成本。

结合先进技术的农业未来。精细化农业管理代表着农业管理向更智能、科学的方向发展。未来，随着技术的不断创新，农民能够更全面地利用先进技术，实现更精细、高效的农业生产。精细化农业管理基于无人机获取的数据，为农民提供科学的管理工具。通过合理利用这些信息，农民能够实现更精准的灌溉、施肥，提高农业生产的效益，实现可持续发展。

五、数字化农业管理系统

数字化农业管理系统能够整合各类农业数据，为农业决策提供全面支持。这种系统涵盖了从土壤质量到作物生长的各个环节，为农民提供了全方位、一体化的管理方案。

(一)土壤质量监测与分析

数字化农业管理系统通过传感器网络对土壤质量进行实时监测，收集土壤湿度、温度、养分含量等关键数据。这为农民提供了科学的土地管理建议，可以帮助其调整施肥计划和作物选择，最大限度地优化土壤利用效果。

1. 实时土壤监测的重要性

数字化农业管理系统通过布设在农田的传感器网络，实现了对土壤状况的实时监测。这些传感器能够持续不断地采集土壤湿度、温度、养分含量等数据，为农民提供全面的土壤信息。这种实时监测的重要性在于能够及时发现土壤质量的波动和问题，为农业生产提供及时有效地应对手段。

2. 数据采集与传感器技术

数字化农业管理系统采用了先进的传感器技术，这些传感器可以精确地测量土壤中的多种参数。土壤湿度传感器能够告知农民土壤中的水分含量，温度传感器可以提供土壤温度信息，养分含量传感器可以测定土壤中的养分水平。这种多参数的数据采集为土壤质量的全面评估提供了依据。

3. 科学的土地管理建议

基于传感器收集的数据，数字化农业管理系统可以提供科学的土地管理建议。例如，通过分析土壤湿度和温度，系统可以判断土壤是否过于湿润或干燥，从而为农民调整灌溉计划提供指导。同时，养分含量的监测结果可以帮助农民精准施肥，提高肥料的利用效率。

4. 施肥计划和作物选择的优化

数字化农业管理系统通过分析土壤数据，优化施肥计划和作物选择。对土壤中不同养分的含量有精确的了解，有助于农民有针对性地选择适合当前土壤条件的作物，调整施肥计划，最大限度地提高土地的利用效果，减少资源浪费。

(二)气象条件实时获取

数字化农业管理系统能够整合气象站数据，提供即时的气象信息，包括温度、湿度、风速等。这有助于农民更准确地预测气象变化，采取相应的农事措施，降低自然灾害对农作物的影响，提高生产的可靠性。

1. 气象信息对农业的关键性

数字化农业管理系统通过整合气象站数据，为农民提供了即时的气象信息，包括温度、湿度、风速等。这些信息在农业生产中至关重要，因为气象条件直接影响作物的生长、发育和产量。通过实时获取这些信息，农民可以更加精准地制订农事计划，提高生产的可靠性。

2. 农业的气象敏感性

农业生产对气象条件的敏感性很高，不同作物对温度、湿度等气象条件有不同的适应范围。数字化农业管理系统可以提供的实时气象信息，使农民能够根据不同作物的生长需求更好地选择种植时间、施肥计划等，从而最大限度地满足作物对气象条件的要求，提高产量。

3. 预测气象变化的重要性

数字化农业管理系统的气象数据不仅可以提供当前的气象状况，还能帮助农民更准确地预测未来的气象变化。通过这种及时的预测，农民可以提前采取相应的防护和管理措施，减轻自然灾害对农作物的不利影响。例如，在恶劣天气来临之前，提前采取保护措施，降低农田受灾的可能性。

（三）作物生长状态监测

通过集成植物生长状态监测技术，数字化农业管理系统能够实时获取作物的生长信息，包括植被指数、植物高度等参数，为农民提供更全面的信息，帮助其及时调整农事活动，保障作物的健康生长。

数字化农业管理系统通过集成植物生长状态监测技术，能够实现对作物生长过程的实时监测。植物生长状态监测技术包括植被指数、植物高度等参数的测量，利用各类传感器和影像技术，为农民提供详细的作物生长信息。

1. 提供全面的作物信息

植物生长状态监测技术不仅关注作物表面的生长状况，还能深入观察植物的内部结构和代谢状态。通过收集植物的植被指数，农民可以了解作物的叶绿素含量、光合活性等数据，为更全面的作物管理提供支持。

2. 实时调整农事活动

通过实时监测作物的生长状态，数字化农业管理系统使农民能够更灵活地调整农事活动。例如，当监测到作物生长过快或过慢时，可以及时调整灌溉和施肥计划，使其适应实际的生长需求，提高农业生产的效益。

3. 保障作物健康生长

植物生长状态监测技术有助于尽早发现作物的生长异常，如病虫害的侵袭、营养不良等问题。通过提前发现这些问题，农民可以采取有针对性的防治和管理措施，保障作物的健康生长，减少损失。

数字化农业管理系统的优势。数字化农业管理系统通过集成植物生长状态监测技术，突破了传统农业管理的局限性，实现了对作物生长的精准监测和管理。这不仅提高了作物生产管理的科学性，还有助于优化资源利用，减少农业生产中的浪费，提升农业生产的可持续性。

（四）病虫害早期预警系统

数字化系统整合病虫害监测技术，通过图像识别和数据分析，能够提前发现作物的病虫害情况。及时的预警系统能够帮助农民采取有针对性的防治措施，减轻病虫害对农作物的损害，以及减少对化学农药的过度依赖。

数字化农业管理系统整合了先进的病虫害监测技术，通过图像识别和数据分析，实现对农田的实时监测。该技术不仅能提高监测的精准度，还能在病虫害发生的早期进行有效的预警。病虫害早期预警系统通过对植物进行高效的图像识别，能够在病虫害侵害作物初期发现问题。这有助于防止病虫害的迅速传播，减少其对农作物的损害。通过数字化系统的数据分析，农民可以获得详细的病虫害监测报告。这些报告显示了病虫害的类型、分布情况及可能的传播趋势，为农民提供了科学依据，支持其采取有针对性的防治措施。病虫害早期预警系统的应用有助于农民更加精准地施用农药，及时发现病虫害，农民可以在病害扩散之前采取有针对性的控制措施，从而减少对农药的过度依赖，减轻环境负担。病虫害早期预警系统在数字化农业管理中的应用是可持续农业发展的重要一环。该系统能够减少农药的施用，最大限度地减轻病虫害对农作物的影响，有助于实现更具环保和经济效益的农业生产。

六、农业大数据分析与人工智能

大数据分析和人工智能的结合使农业数据能够更好地被利用。通过深度学习等技术，农民可以从海量数据中挖掘出隐藏的规律，为农业生产提供更精准的预测和决策支持。农业大数据分析与人工智能的革新是实现精准农业的重要抓手。

(一)数据驱动的农业生产

通过对农业生产全过程数据的采集和分析，农民可以作出更为科学合理的决策，提高生产效益。随着大数据分析和人工智能技术的不断进步，农业领域正面临一场数字化革命。这场变革不仅使农业生产更加智能和高效，还为农民提供了全新的决策支持工具。本部分将深入探讨大数据分析和人工智能在农业生产中的应用，以及数据驱动的农业生产是如何提高效益、降低成本的。

1. 全程数据采集与监测

在传统农业中，农民的决策往往基于经验和常规实践。然而，随着大数据分析技术的兴起，农业生产全过程数据的采集变得更加全面和精准。传感器技术的应用使农田的土壤、植被、气象等关键信息得以被实时监测，这为农民提供了更全面的数据基础，使其能够更准确地了解农田状况，从而作出科学合理的决策。

2. 科学决策与精细化管理

借助大数据分析和人工智能，农民可以将大量的实时数据转化为科学的决策支持。通过深度学习和模式识别等技术，数字化农业管理系统能够分析历史数据并预测未来的农业趋势。这种科学决策的手段使农业生产变得更加精细化，如灌溉和施肥方面的决策可以更加个性化，以适应不同的土地和作物需求。

3. 提高生产效益与降低成本

数据驱动的农业生产方式有效地提高了生产效益。通过合理利用大数据分析结果，农民能够优化农田资源配置，减少浪费，提高作物产量。这也有助于降低成本，如精确施肥和灌溉减少了农业投入品的使用，进而降低了生产成本。

(二)精准预测与农事管理

大数据分析结合人工智能可以实现对气象、土壤、植物生长等多维度数据的实时监测和分析，使农民能够更准确地预测天气变化、作物生长趋势等，从而优化农事管理，提高农业生产的可预测性。随着大数据分析与人工智能技术的融合，农业领域迎来了一场数字化革命。其中，精准预测与农事管理成为农业生产中的重要组成部分。本部分将深入探讨大数据与人工智能在多维度数据监测与分析方面的应用，以及如何通过这些技术实现更精准的预测与农事管理，从而提高农业生产的可预测性。

大数据分析和人工智能在气象方面的应用为农业生产提供了实时监测的可能性。传感器网络可以收集温度、湿度、风速等气象数据，AI 算法能够分析这些数据，实现对天气变化的精准预测。这种实时监测与分析为农民提供了更准确的气象信息，使农民能够及时调整农事计划，提高农业生产的适应性。

除了气象数据，大数据分析和人工智能还可应用于土壤监测。通过传感器采集土壤湿度、温度、养分含量等多维度数据，AI 算法分析这些信息，为农民提供详细的土壤信息。这种多维度监测使农民能够更好地了解土壤特性，有针对性地调整施肥和灌溉计划，最大化地提高土地利用效率。

大数据分析与人工智能技术还能够实现对植物生长趋势的智能分析。通过分析植物生长状态监测传感器获取的数据，AI 算法能够识别出作物的生长阶段、健康状况等信息。这种智能分析使农民能够更准确地了解作物的生长状况，并且有针对性地进行管理和决策，提高农业生产的稳定性。

（三）病虫害防控的智能化

大数据分析和 AI 算法可以对病虫害的传播规律进行建模，从而实现对病虫害的智能监测和预警。这有助于农民及时采取防控措施，减少农药的施用，降低对环境的影响。在当今时代，病虫害对农业生产的威胁越发凸显。大数据分析与人工智能的融合为农民提供了一种智能化的病虫害防控方案。

大数据分析与人工智能技术可以通过建模掌握病虫害传播规律，实现对病虫害行为的智能化监测。通过对历史数据的深度分析，数字化农业管理系统能够识别病虫害的传播模式，预测它们的发展趋势。借助大数据分析和 AI 算法，可以建立智能化的病虫害预警系统。该系统通过实时监测和分析病虫害的相关数据，能够在病虫害暴发前作出预测，并向农民发送预警信息。这使农民能够更及时地做好防控准备，降低病虫害对农作物的危害程度。智能病虫害监测与预警系统的应用还能有效减少农药的施用。通过精准的预测，农民可以更有针对性地施用农药，避免不必要的喷洒。这不仅降低了农业生产对化学农药的依赖，也减轻了农药对环境和生态系统造成的负面影响。

智能化的病虫害防控为农民提供了更高效的管理工具，使农业更加友好和可持续。农药施用的减少直观地减轻了对土壤和水源的污染，有利于维护生态平衡。这符合现代农业转型的趋势，可将农业生产引向更为可持续的方向。

第四节　大数据在农业生产中的应用研究

　　农业作为人类社会的基石，不仅是生存之源，还是经济繁荣与社会稳定的重要支柱。在我国，农业是第一产业，其战略地位无可替代，不仅承担着亿万人民的温饱任务，还是国家经济安全与政治稳定的坚固防线。从古至今，从黄河流域、长江流域的农业起源，到今日多元化、现代化的农业生产体系，中国农业的发展史见证了人类文明的进步与变迁。

　　面对人口众多与土地资源有限的双重挑战，中国农业始终坚守粮食生产的核心目标，通过不断调整与优化生产结构，确保国家粮食安全与社会持续发展。传统的农业耕作模式尽管承载着厚重的历史与文化，但如今已难以满足现代社会的需求。劳动强度大、生产效率低、农民收入微薄等问题成为制约农业进一步发展的"瓶颈"。

　　随着信息技术的飞速发展，特别是物联网、5G/6G、云计算、大数据等新兴技术的崛起，农业数字化成为破除农业发展限制的关键。这些技术不仅为农业生产提供了前所未有的智能化与精准化手段，还极大地提升了农业生产的效率与质量。大数据的应用更是让农业生产实现了从"凭经验"到"靠数据"的质的飞跃。

　　《农业部关于推进农业农村大数据发展的实施意见》的出台标志着中国农业正式迈入了大数据时代。这一文件不仅明确了大数据在农业生产中的重要作用与总体要求，还为大数据的应用奠定了坚实的基础，规划了清晰的蓝图。在大数据的加持下，农业生产不再盲目与低效，而是更加科学、智能与高效。大数据等信息技术已渗透到农业生产的每个环节，从作物种植到病虫害防治，从农产品销售到农业资源管理，大数据在各个环节都发挥着不可估量的作用。它让农业生产更加精准，让农民收入更加可观，让农业更加繁荣。随着数字化技术的不断成熟与普及，中国农业将迎来更加广阔的发展前景。在数字化技术的引领下，中国农业将焕发出更加蓬勃的生机与活力。

大数据可以为农业提供多样化、精准化、智能化的服务，帮助农民减少投入，提高收益，优化生产方式，实现农业可持续发展。农业大数据应用不再局限于种植、养殖等传统领域，也拓展到农田基本建设、田间管理、农产品流通等新兴领域。大数据在农业生产中应用逐渐成熟，新兴的数据平台日益完善，农业数据分析能力不断提高。

一、大数据技术在农田基本建设中的应用研究

(一)在土地利用规划中的应用研究

农业土地资源的高效利用规划是农田建设不可或缺的基石。针对土地资源规划，李国钊提议采用 ArcGIS 软件，通过细致梳理农村土地资源的使用状况及特征，确立农村土地利用规划的相对指标体系，并据此设定了一套高度契合的规划指标，以确保规划的精准性和实用性。在土地的合理利用层面，全芮宁则采用了一种多目标线性规划模型，该模型不仅深入分析了土地利用的优化策略，还兼顾了经济效益与生态效益的双重考量。通过构建经济效益和生态效益的目标函数，同时结合社会效益的制约条件，该模型为土地利用提供了更为全面和科学的指导。针对土地监控的难题，董洋洋等依托"慧眼守土"监测监管平台，巧妙地融合了"互联网+"、大数据、人工智能和 GPS 等前沿技术，实现了对土地状况的实时、精准监测，为自然资源的保护和土地的合理开发提供了强有力的技术支撑。同样聚焦土地监控，廖玉佳等通过整合 GIS 空间位置信息与多种基础地理数据，并融入倾斜摄影三维模型、数字高程模型等三维数据，开发了一套具备自动传输、智能识别、综合分析和处理及预警报警功能的系统。该系统不仅显著提升了土地监控的智能化水平，还实现了对储备土地的动态、智能化监管，为土地资源的科学管理提供了有力的保障。

(二)在水利设施建设规划中的应用研究

农业的发展与水利灌溉息息相关，大数据技术在水利设施建设规划领域同样展现出显著的成就。姜俊狄等提出了一种创新方法，该方法结合了

三维激光扫描技术和无人机摄影测量技术，通过对融合后的方法进行定性和定量分析，能够精确评估灌溉系统的适用性，确保灌溉系统满足农田灌溉需求。孙宁等利用建筑信息模型（Building Information Modeling，BIM）技术，构建了农田灌溉的三维空间模型。该模型能够直观地模拟农田灌溉过程，清晰地揭示出设计中可能存在的问题，为灌溉系统的调整和优化提供科学依据，进而提升农田灌溉效果和农作物生长质量。党元初在农田智能灌溉控制方面取得了突破，他设计的系统以 STM32 控制器为核心，通过 LoRa 和 4G 无线传输技术，实现了农田信息的实时采集与处理。此外，该系统还融入了虚拟现实技术，构建了虚拟数字环境，为农业水价信息化平台的建设提供了有力支持，推动了农业水资源管理的智能化与信息化进程。

二、大数据技术在田间管理中的应用

（一）在土壤耕作中的应用研究

土壤质量对农作物的生长至关重要。为了科学评估土壤质量，侯显达等采用气相色谱法测定土壤中的 DDTs 和 BHCs 含量，并运用熵权属性识别模型对不同土地利用方式下的土壤环境质量进行了综合评价，为土壤质量的精准判定提供了有力依据。在土壤含水量监测方面，郭文等利用 Sentinel-1A SAR 数据和 C 波段雷达遥感数据，结合 BPNN 模型，实现了对裸露地表土壤含水量的高效、准确反演，为农田灌溉决策提供了重要参考。针对土壤参数的实时监测需求，钟佳荟等设计了一套以 Air724UG 微控制器为核心的系统，通过各类传感器采集土壤温度、湿度等关键参数，并利用 GPRS 网络实现远程无线通信，使监测中心能够实时掌握室外土壤状况。在精准施肥领域，冀汶莉等开发了一套基于 LoRa 的农业大田土壤多测点多参数监测系统，该系统能够实时监测土壤的温度、湿度和养分变化，并根据监测结果按需测土配方，指导精准施肥，提高肥料利用率和作物产量。针对耕作后土壤表面沟形特征参数测量困难的问题，王韦韦等创新性地设计了一种基于激光三角法的耕作土壤沟形测量系统，该系统测量误差小，能够满足农田土壤耕作后沟形自动化测量的实际需求，为农田土壤耕作质量的评估提供了有力支持。

(二)在播种及栽植中的应用研究

农田播种作为农业生产的核心环节,其质量直接关系到农作物的生长与最终的收获。在传统农业中,播种时机的选择多依赖农民的经验和天干地支的推算,但这种方式存在不确定性,可能导致播种时机不当,影响作物生长。然而,大数据时代的到来为农田播种带来了革命性的变革。王淑芳指出,在农耕前的准备阶段,农民可以利用互联网上的大数据资源,学习农作物的生长特性、培育周期和种植条件,从而做出更加科学的种植决策。同时,电商平台也为农民提供了便捷的种子选购渠道,使农民能够轻松获取优质种子。在播种作业方面,谢郁华利用 Scrapy 爬虫框架构建了农产品信息网络爬虫,结合农作物种植模型、土壤水肥信息和土壤环境信息,构建了基于阿里云服务器的精准播种在线决策云平台。这一平台能够为农业工作者提供精准的播种决策支持,帮助他们更好地把握播种时机和播种方式。陶化冰针对不同地区土壤类型、养分和地形的差异,提出了利用大数据技术推演得到的处方图来指导农机进行播种作业的方法。通过调整农作物的下种量、下种深度和下种时机,农机能够确保在同一块耕地上种出整齐划一的幼苗,从而提高农作物的生长质量和产量。这些创新性的播种方式不仅提高了播种的精准度和效率,还为农业生产带来了更加科学、智能的决策支持,推动了传统农业向现代农业的转型升级。

(三)在生长发育中的应用研究

大数据技术也可应用于协调农作物的生长发育。张开京等基于黄瓜基因组信息和转录组测序大数据,对黄瓜中的 DIR 基因家族进行鉴定。陈成等利用大疆 P4 Multispectral 无人机来获取农作物在整个生长周期的光谱数据,并构建了玉米的归一化植被指数,对农作物进行了长势监测。张黔川提出在农业生产中应用无人机实时动态载波相位差分技术,该技术可以实现对农作物生长的智能化、自动化监测,提高监测的准确性。吕志群等基于黑龙江省 2000~2018 年 MODIS 13A2 产品数据,获取耕地范围内每 16 天的归一化植被指数,采用多年平均值法得到植被指数的平均值,并与原始数据作对比，将其作为衡量农作物长势的标杆。

(四) 在农作物收割中的应用研究

农作物收割是农业发展中不可或缺的一部分，利用大数据技术在农业收割方面进行应用与研究，可以帮助农民提高农业生产效率和质量，促进农业现代化和可持续发展。吴才聪等针对全国范围内农机操作动态监控与量化统计的要求，提出在农机上加装"北斗"终端，并制定相应的数据传输标准，最终实现以"北斗"为基础的农机操作大数据平台的构建。夏俊勇从联合收割机的智能控制、喂入量检测、脱粒清选系统的智能控制、损失率在线检测、产量检测、故障诊断、无人驾驶与自主导航等多个角度出发，对智能控制技术的应用进行深入探讨，推进自走式小麦联合收割机实现转型升级，探寻出符合我国国情的小麦联合收割方式，进而推动农业机械化向智能化方向发展。周达为了实现农业无人收割机对农作物的精确收割，利用稀疏化算法对原始航迹中的聚合点进行筛选，并提出一种基于多项式曲线的局部航迹拟合方法，采用迭代法求出航迹点的曲率，排除异常点，设定一个合适的阈值，再采用稀疏化算法获得航迹节点，最终找到一种较为准确地还原播种轨迹且能生成收获作业目标导航路径的方法。刘靓葳针对农机自动驾驶收割的生产效率问题，运用人工智能、大数据、云计算等相关技术，提出将目标检测算法、车道线检测算法、目标跟踪算法等人工智能技术中基于视觉的感知算法运用到无人农业机械中，进行涉及机器视觉的农机收割研究，并指出 AI 算法在农机收割中的应用有效地提升了无人农机的工作效率。

三、大数据技术在农产品流通中的应用研究

(一) 在农业运输中的应用研究

农产品的运输是农产品流通环节中的重要一环，其物流管理系统、运输路径、运输环境等因素都对农产品的运输有重要的影响。

1. 农产品物流管理研究

张茜等设计了一个以大数据为驱动的农产品冷链物流平台架构，该架

构分为三大层级：数据基础层、信息管理层及应用层。他们利用大数据技术来规划冷链基础设施的顶层设计，并针对冷链物流的关键环节——物流运输与仓储管理实施了优化措施。这些措施旨在改善农产品的物流运输与仓储管理效率，加强质量安全控制，提高销售与配送的精准度，促进信息的交流与共享。张建喜等通过构建基于大数据技术的农产品物流管理系统总体架构和流程，对我国现有的农产品物流流程进行了深入分析。他们制定了包括订单管理、仓储管理和配送管理在内的核心管理流程，并借助关系数据库 MySQL 来设计农产品物流管理系统。这一系统能够确定最优、最合理的配送计划，有效整合物流资源，以确保农产品物流运输的高效、准确，同时降低运输过程中的损耗和变质率，从而实现物流管理流程的优化。

2. 农产品运输路径研究

梁瑞华等深入剖析了中国农村物流配送的现状与运作方式，揭示了农产品物流在基础设施、传统管理流程及冷链物流技术等方面存在的"短板"。他们巧妙地运用大数据分析技术，对农村物流配送路径进行了全面优化，通过充分利用大数据所涵盖的广泛交通网络，再结合现代技术手段，实现了全地域农业交通运输的高效整合。同时，他们借助大数据处理技术强大的感知与定位能力，有效获取并整合了物流信息，从而显著减少了农产品在物流过程中的损耗，解决了长期存在的浪费问题。周蓉蓉等聚焦降低城市生鲜农产品运输成本的目标，他们创新性地采用 K 均值聚类方法，并结合优化的遗传算法，构建了一种城市生鲜农产品运输路线优化模型。该模型不仅实现了车辆调度的优化，还具备了路径自主优化的功能，为城市生鲜农产品的配送带来了更加高效、经济的解决方案。

3. 农产品运输环境研究

吴卓葵等设计了一套大数据驱动的生鲜农产品配送监测与预警系统。该系统通过分析与保鲜需求相关的大数据，能够对配送车辆的温度、湿度及最长配送时间等关键指标进行智能预测。同时，它还能根据不同生鲜农产品的保鲜特性及实时的道路交通状况，对配送时间进行精准的预警。陈谦等专注冷链运输温度预测的问题，他们从历史数据的时序信息中挖掘价值，提出了一种创新的基于门控循环单元网络（Gated Recurrent Unit，GRU）的冷链运输温度时序预测方法。该方法结合了拉格朗日插值方法和

GRU 神经网络模型，构建了一个特别适用于低温环境的 GRU 时序预测模型，旨在提高温度预测的准确性和可靠性。

(二) 在农产品销售中的应用研究

农产品的销售是农业领域的关键收尾环节，融合大数据技术进行农产品销售研究，能够有效促进农产品的流通，进而推动农业现代化及现代农村经济的发展。武绍璋等基于电商平台的数据分析，探讨了如何助力偏远地区农产品的销售。他们运用统计方法，并结合国内外电商平台的发展现状，提出了一种将农业电商产销与互联网大数据销售相结合的发展策略，为偏远地区农产品的销售路径规划提供了指导。

随着社会的进步，直播带货已成为当下热门的线上销售方式。刘倩等针对直播带货网络化销售的发展问题，采用主成分分析法，深入分析了直播带货这一电商助农模式的影响因素，并据此设计了一套基于 SSM 框架和 TOMCAT 服务器的网站，构建了一个合理的政策建议体系，明确了电商助农相关政策建议的权重。王芳等针对荞麦产业的宣传推广难题，提出了利用新媒体视频进行推广的设想。他们设计了一套基于 SSM 框架、搭载 TOMCAT 服务器并配备 Oracle 数据库的专门针对荞麦推广的视频网站，实现了荞麦推广短视频的发布、观看和管理等功能。张莉运用"SWOT"方法，对我国订单农业发展过程中存在的问题及其成因进行了深入剖析，并提出了"消费者+互联网+农户"构建方案，为订单农业的可持续发展提供了有益的思路。

四、大数据在农业生产中的应用研究综述

当前，农业大数据的研究已经展现出了全面且多样化的特点，不仅涵盖理论方法的探讨，还深入技术实践的层面，覆盖农业生产的各个环节。许多研究者将高科技设备应用于田间实践，通过先进的算法来模拟和优化农作物的生长环境，同时结合新技术推动农产品的运输与销售。

现有的农业数据资料库有关农作物生长所需的土壤条件和环境参数方面的数据尚不完整，因此相关部门应当借助大数据技术，深入研究不同种类和生长阶段的农作物对土壤和环境的具体需求，进一步完善农业数据资

料库，为农作物的田间管理提供更加精准的指导。目前，农业工作者能够自助使用的大数据平台数量有限，因此地方政府应发挥主导作用，建立本地的农业大数据平台。该平台应与农业数据资料库实现对接，实时发布农作物田间管理的指导信息，并自动统计和可视化展示当地农产品的物流、销售等全方位数据，帮助农业工作者更好地把握农业发展的机遇。农产品的质量、食品安全和源头追溯是消费者购买产品时的重要关注点。在农业生产中，可以结合大数据和区块链技术，对农产品的产地、生产过程、运输过程和销售过程进行精准监控和溯源，以增强消费者的信任感（见图4-1）。由于数字化农业基础设施在乡村地区的建设尚不完善，许多地方存在通信网络技术盲点，互联网硬件设施、光纤宽带和信号基站未能全面覆盖，因此应加大科技助农的力度，落实政府的相关帮扶政策，加强农村田间的数字化基础设施建设，推动高科技设备在农村的普及。

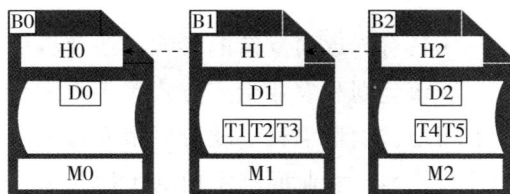

图4-1　区块链结构

如今，现代农业生产中缺乏既懂大数据又懂农业的复合型人才，同时农民的科技素养普遍有待提高。因此，应积极推动农业生产基地、学校和研究团队在产学研方面的深度合作，引进优秀人才。同时，通过线上线下相结合的方式，为农业生产人员提供专业的技术指导，提升他们的技术能力。

第五章

大数据背景下城市土地的高效利用

第一节 城市化对土地利用的影响

　　城市化对土地利用具有深远而复杂的影响，涉及城市化速度、农业结构、土地利用转变、城市规划和农业生产方式等多个方面。首先，城市化的迅速推进导致了农用地被大量消耗。随着城市人口的增加，原本肥沃的农田被转变为城市建设用地，农业面临空前的土地压力。这不仅影响了农业可持续发展，还给粮食生产和食品安全带来了威胁。其次，城市化对城市边缘的农业产生了巨大的挑战与机遇。城市边缘农田会受到城市化的冲击，农民需要应对土地减少、环境污染等问题。然而，城市化也为农业提供了新的发展机遇，如发展特色农业或提供农业旅游服务，为农民创造多元化的经济收入来源。再次，城市化导致了土地利用的结构性变化。农民需要调整种植结构，以适应城市对不同农产品的需求。此外，城市规划的科学性和农地保护政策的实施也至关重要，它们能够在城市化中保障农地的可持续利用，确保农业生产顺利进行。最后，城市化促使农业生产方式与城市需求更好地匹配。农业生产需要更加灵活，以满足城市居民对农产品高品质、安全和多样性的需求。因此，调整农业生产方式，采用更智能化、生态友好的方法成为农业生产中不可或缺的一环。在这一背景下，深入研究城市化对土地利用的多层次影响，有助于为未来的土地管理和农业发展提供科学的决策依据，促使城市与农村实现更加协调、可持续的发展。

一、城市化速度与农用地丧失

城市化往往伴随城市人口的增加和土地需求的上升，在这一过程中，农用地常常被转为城市建设用地，导致农田丧失。随着城市人口的迅速增加，人口对基础设施和住房的需求导致农田被转变为城市建设用地。在城市化过程中，农业生产面临巨大的压力，其影响涉及粮食安全和农业可持续发展。

(一)城市化对农用地的影响

城市化是农用地减少的重要因素之一，其影响深远且不容小觑。随着人口向城市集中和经济发展需求的激增，适宜农耕的土地被不断转化为城市建设用地。这不仅包括满足日益增长的住宅需求所必需的住宅区开发，还涉及商业设施的扩建及工业区的蓬勃发展。城市化建设活动减少了农业用地资源。在追求经济效益和短期发展目标时，不能忽视土地资源的可持续利用原则，避免宝贵的农用地被低效或过度开发。不科学的用地不仅削弱了农业生产的基础，威胁粮食安全和农业生态平衡，还可能引发一系列社会经济问题，如农民失地、农村空心化及城乡差距的进一步拉大。

面对城市化对农用地的影响，决策者需要采取更加审慎和负责任的态度，科学规划、严格监管、推动土地资源高效利用，平衡城市化发展与保护农业用地的关系，确保社会可持续发展。

(二)城市化速度与农业生产的压力

城市化速度的加快给农业生产带来了多方面的压力。大量农用地的丧失削弱了粮食和农产品的生产能力，导致市场供应不足。农地的转变增加了农业经营的不确定性，使农民难以作出长期规划。城市化过程可能伴随环境污染和资源浪费，对农业生产环境构成了潜在威胁。城市化速度对农民的生计和生活方式也产生了深远的影响。失去土地意味着农民失去了生计的基础，使许多农民不得不面临转行或城市化进程中的社会适应问题。另外，城市化还可能导致农村劳动力流失，进一步扩大城乡差距。

为了缓解城市化对农用地的压力，需要制定有效的土地管理措施，包括合理规划城市建设用地、推动农业现代化、提高土地利用效率、加强环境保护等。同时，应该探索可持续城市化和农业发展的协同路径，以实现城乡经济协调发展的目标。

二、城市边缘农业的挑战与机遇

城市化使原本在城市边缘的农田逐渐受到压迫，农民需要面对土地减少、环境污染等问题。城市郊区的耕地保护与城市化进程之间的关系并不只有互斥关系，实际上，在城市化进程中，耕地保护与城市发展也可以并行不悖，关键就在于采取科学合理的规划和管理措施。

随着城市化进程推进，城市边缘的农田面临前所未有的挑战。农业用地的减少，使原本用于农业的土地逐渐为城市建设所取代，导致农民面临粮食生产能力下降的困境。同时，城市的环境污染也对城市边缘的农业产生了直接的影响，土壤和水源的质量可能受到威胁，给农业生产带来了不确定性。城市化带来的生态问题也在城市边缘的农业中逐渐显现。大规模的房地产开发和基础设施建设可能导致生态系统被破坏，影响农业生态平衡。农民需要面对生态环境逐渐恶化带来的问题，这给传统的农业生产方式带来了巨大的挑战。

然而，挑战中也蕴含着机遇，城市化也给城市边缘的农业带来了新的市场需求。随着城市人口的增加，其对有机农产品和绿色食品的需求逐渐上升。农民可以通过发展特色农业、种植有机农产品来满足市场对健康食品的需求，从而找到新的生存空间。除了特色农业，农民还可以通过开展农业旅游等服务，将农田变为多功能空间，实现农业的多元化发展。城市居民对乡村生活体验的渴望为农民提供了向游客提供农业观光、农家乐等服务的机会，创造了新的收入来源。

为更好地应对城市化带来的挑战和机遇，当地需要进行可持续城市规划，将农业保护与城市建设有机结合。政府可以出台政策，鼓励农业生产和城市发展协同共进，实现农村和城市的共同繁荣。同时，科技创新也可以为城市边缘的农业提供新的发展路径，如精准农业技术的应用，提高农业生产的效益和可持续性。

三、土地利用转变与农业结构调整

城市化带来的土地利用转变将影响农业的结构和布局。农民可能需要调整种植结构，选择更适应城市需求的作物，或者发展新型农业业态。研究城市化对土地利用的影响，有助于指导农业结构进行灵活的调整。

城市化引起的土地利用转变不仅包括土地面积减少，还包括对传统农业结构的直接冲击。以前主要种植的粮食作物可能因土地被用于城市建设而受到影响。农民需要进行作物结构调整，以适应新的土地利用现状。城市化背后的巨大需求正引导农业进行新的结构调整。随着城市居民对高品质、有机、绿色农产品需求的上升，农民有望调整生产结构，转向更有市场竞争力的农产品。这种调整将推动农业结构的升级和优化。城市化也可能催生新的农业业态，如农业观光、休闲农业等。农民可以通过发展新型业态，实现土地的多元化利用，进而提高土地的经济效益。

随着科技的发展，智能农业技术将成为农业结构调整的重要助力。农民可以利用大数据分析、人工智能等技术，更加科学地决定种植何种作物，何时进行农事活动，最大限度地提高土地的利用效率。在土地利用转变和农业结构调整中，当地需要平衡城市化的需求和农业的可持续发展。通过科学规划和政策引导，当地可以在满足城市发展需求的同时，确保农业结构的调整朝着更加可持续的方向发展。这不仅有助于农业的长期繁荣，还符合城市和农村共同发展的大局。

四、城市规划与农地保护政策

城市化需要合理规划，而城市规划会直接关系到土地的合理利用。城市规划是城市化的基础，其合理性会直接关系到农地的保护。科学合理的城市规划可以在确保城市功能发挥的同时，最大限度地减少对农地的侵占。城市边缘农业和城市建设之间的平衡点需要在规划中得到准确的体现。土地利用总体规划是对城市和农村土地进行分类、合理分配，确保农地有序利用。规划要明确农地的边界，划定农业用地、生态用地等不同区域，为城市化创造合理的空间。

在城市化过程中，制定农地保护政策是确保农地可持续利用的关键。政府可以通过法规、税收政策等手段，鼓励农民合理利用土地，推动农业可持续发展。同时，对于违规占用农地的行为，要出台相应的法律予以制裁，保护农地的合法权益。基础设施建设直接影响周边土地的利用，要保证农村基础设施与城市同步发展，确保农民在生产、生活等方面能够享受到与城市相当的服务，减轻农民对城市依赖，促进农地的可持续利用。引入科技手段，如 RS 技术、GIS 等，对城市规划进行科学辅助，不仅有助于更精准地评估土地资源，为城市化提供数据支持，还能够及时监测农地的利用情况，确保城市规划与农地保护政策的有效执行。

五、农业生产方式与城市需求匹配

在城市化背景下，农业生产方式需要更好地适应城市居民的需求。研究城市化对土地利用的影响可以探讨如何调整农业生产方式，使之更加符合城市居民对农产品的品质、安全和多样性的需求。

随着城市化的不断发展，城市居民对农产品的需求也在不断演变。农业生产方式需要进行更加灵活的调整，以适应市场需求的多样性。通过市场研究和需求预测，农民可以更有针对性地提供城市居民所需的农产品品种和质量，城市居民对健康、有机农产品的需求逐渐增加。因此，当地可以推广有机农业，采用更环保、可持续的生产方式，满足城市居民对健康食品的追求。这有助于提高农产品的附加值，同时减少农业对环境的影响。

引入农业科技，如温室技术、垂直农业等，可以提高农产品的产量和质量。这样的技术手段可以更好地适应城市化环境，满足城市居民对新鲜、高品质农产品的需求。农业科技的创新是适应城市需求的重要方式。传统的大规模农业经营方式在城市化进程中可能会受到一定的限制。因此，农业生产方式需要更加多元化的探索，包括农业与旅游融合、农产品深加工等。这有助于提高农业经济的多元性，更好地满足城市居民的多样化需求。为了适应城市需求，农业生产方式的调整需要有针对性的农业教育，如培养农民对市场需求的敏感性，使其更好地了解和适应市场变化。市场导向的农业生产方式有助于城市与农村建立更为紧密的联系。

第二节　大数据优化城市土地利用的思路

在中国快速城镇化过程中土地供需矛盾日益突出，使大量优质耕地被占用，而且土地利用效率不高，用地结构严重失衡。土地利用优化配置是实现土地资源合理利用和区域可持续发展的重要途径，其能充分发挥土地利用潜力，增强土地聚集效应，保持土地生态系统平衡，实现土地的可持续利用。土地利用数量结构是土地利用合理配置的基础，因此传统的土地利用优化较多侧重数量结构的优化。然而，城市土地利用空间结构同样会影响土地利用效率，因此从调整土地利用空间结构的角度研究城市土地利用类型在地域空间上的合理落位，开展土地利用空间优化工作，在当今社会同样重要。

城市土地利用空间优化是将土地利用方式与土地利用的生态和社会经济适宜性进行优化组合，从而形成协调的用地数量结构和空间布局，以实现对土地的持续利用。传统的土地利用空间优化主要是基于土地普查、经济统计、地面调查等土地资源调查数据，调查成本高，更新周期长，难以考查区域土地利用实体和个体的时空行为，无法支持精细尺度上的用地类型/效率分析及土地利用优化模拟，因此，难以为土地可持续利用提供强有力的支撑。在当前区域协调发展的大前提下，迫切需要在精细尺度上及时获取对土地利用现状、效率和结构优化的分析评估，在传统数据源的基础上，建设更精细、更新更及时的支持土地利用空间优化的新数据集。

大数据技术作为当前分析决策的科学手段，整合了大量来自互联网、物联网、移动设备、传感器、摄像头等渠道，能够反映土地资源数量及空间结构、土地利用动态、模式与效率的数据，使土地利用优化工作能够同时关注城市个体的行为，满足政府、企业和居民的多样需求。但是，大数据存在格式多样、类型复杂、结构不一、时空框架复杂等问题，给数据的存储管理、整合分析、信息挖掘与知识分析等后续利用带来了很大的困难。

一、大数据技术发展给城市土地利用空间优化带来的机遇

(一)大数据技术丰富了城市土地利用空间优化的数据源

各种传感器、App、电子地图、社交网络、智能交通信息均提供了反映土地利用实体和个体行为的时空信息。这些信息互动性强、现势性强，能够更好地了解城市土地利用现状、居民时空行为和意愿，促进城市土地利用空间优化从经验判断走向数据支撑，以此来实现"以形定流"向"以流定型"的转变。

(二)大数据技术增强了城市土地利用优化配置能力

大数据技术可以找到"城市病"所引起的公共服务、经济效率、资源供给、生态环境等领域的问题。基于大数据技术的全样本微观数据挖掘研究有助于解决城市土地利用空间优化的应用难题，其所包含的位置/轨迹信息、时空动态信息有助于解决或协调人口、用地数量、结构及分布、产业及效率、生态环境等方面的配置关系，降低经济社会运行成本，提高政府决策效率，创新社会公共服务。

(三)大数据技术带来了城市土地利用规划的新思维或新理念

大数据技术使政府、学者和规划部门重新认识到居民和企业等主体的行为和活动对土地空间发展的影响。它强调以数据为驱动，通过深度挖掘和分析海量城市数据，实现土地利用的高效、精准与智能化规划。大数据技术不仅提升了规划的科学性和准确性，还能实时反映城市发展的动态变化。大数据技术促使城市规划从传统的静态定性分析转向动态定量分析，确保了土地利用规划更加符合城市发展的实际需求。传统的规划是政府设定土地利用总体发展目标，并在不同的规划区域进行土地类型空间控制和布局，规划的实施效率较低。

二、土地利用空间优化相关的大数据分析

大数据技术革新了土地利用优化的数据支撑体系，使传统受限的有限数据源转变为多元化的信息采集途径。这一转变依赖先进的信息处理软件和设备，虽然增加了技术依赖性，但显著提升了数据的丰富性与精确度。具体而言，土地利用优化所涉及的数量结构和与空间分布相关的大数据涵盖十大类别，为优化工作提供了更为全面和深入的洞察。

(一) 基础地理数据

基础地理数据是描绘地球表面自然与社会要素的关键信息集合，涵盖了地貌、水系、植被等自然地理信息，以及居民地、交通、特殊地物、地名等社会地理信息，这些信息详细记录了地球表面的测量控制点、水系布局、居民地及设施分布、交通网络、管线布局、行政区划、地形地貌、植被与土壤类型、地籍信息、地名标注等位置、形态和属性特征。这些数据不仅是土地利用空间优化分析的基本地理单元，还是互联时代土地利用优化不可或缺的基础。

在互联网与大数据技术的推动下，城市居民行为信息的采集与分析对土地利用优化越发重要。地理信息技术与数据在此过程中发挥着核心作用，它们支持着基于地理围栏技术的精准信息推送服务，使电子商务、线上线下服务等能够依据地理位置进行数据的精准采集与分析。这些数据不仅增强了对城市空间利用的理解，还为土地资源的优化配置提供了科学依据，促进了城市规划和土地管理的智能化与精细化发展。

(二) 遥感影像数据产品

RS 技术以其多时相、多尺度的快速观测能力，再结合多传感器、高分辨率、多频率的数据采集特点，特别是现代 RS 技术所展现的高空间、高光谱、高动态性能，如中国的高分系列、资源系列卫星及国外的 QuickBird、IRS、IKONOS 等卫星，在城市规划、建设、管理、生态系统评估及土地利用优化等多个领域发挥着关键作用。

通过 RS 技术获取的各类指数，如植被指数、水体指数、建筑指数、不透水面指数、裸土指数、湿度指数等，为快速监测城市生态系统的绿度、热度、湿度、不透水率等关键要素提供了强有力的支持。这些指数不仅能帮助我们了解城市热环境状况、评估城市生态质量，还能深入分析城市人居环境的适宜性及生态系统的整体表现。经过深度加工的遥感信息产品，如高分辨率的土地利用图、城市生态质量监测产品、城市热环境分布图及基于夜间灯光数据的城市扩展和人口分布信息产品等，为土地利用空间格局的合理性评价、功能用地效率的分析及土地利用类型的变化研究提供了宝贵的数据资源。遥感影像数据产品不仅有助于我们更好地理解城市土地利用的现状与趋势，还能为城市规划、生态保护及土地资源的高效利用提供科学依据。

（三）个体时空数据

个体时空数据主要是指来自智能手机或其他具有全球定位功能的个人终端的数据。目前，智能手机的通话数据最典型，具有海量、真实、实时和空间覆盖广四大优势。当用户接打电话或接发信息时，个人终端的数据背后隐藏着丰富的时空信息，通过科学的分析手段，可以揭示出城市个体的活动规律和空间分布特征。个体时空数据能够间接地分析城市个体的空间分布及动态变化，评价城市人口动态和用地效率，为城市规划、交通管理、商业布局等方面提供重要的参考信息。国外学者尝试通过智能手机的位置信息进行居民时空行为信息的采集，并在此基础上分析城市人群个体移动性、居民日常行为、旅游者游憩和出行方式等，服务城市结构和城市景观在空间上的适宜性分析工作。

（四）手机 App 数据

手机 App 包括社交应用、地图导航、网购支付、通话通信、生活消费、查询工具、拍摄美化、影音播放、图书阅读、浏览器和新闻资讯等类型。常用的手机 App 主要包括网购支付类网站（淘宝、京东、亚马逊、当当等）和生活消费类网站（携程、大众点评、58 同城、赶集网、链家网等）数据。网购类数据提供了商户的人气、环境质量、规模档次及商户等级评价等信息，房产主题 App 提供了住房区位、买卖租赁价格、用户关注咨询等信息，招聘主题 App 提供了就业机构、岗位人气和岗位薪酬等信息。通过统计分析这些 App 数据，可以获取土地功能类别的兴趣点位置信息、城市中心地带分布、个体活动热点及房价分布等信息，反映局部经济活跃度。

（五）电子地图数据

电子地图数据是电子地图提供商提供的 POI 信息，以及用户使用电子地图时获取的有关用户位置等信息，包括百度、高德、谷歌、搜狗、凯立德、天翼等地图服务产品。电子地图提供商提供的具有更强现势性的 POI 信息(如医院、大厦、超市、加油站、银行等)、高速公路、国道、省道等道路信息，乡、镇、村等行政点信息，公园、水域等生态用地信息是基础地理信息数据的有益补充。土地利用优化需要地图中的个体位置、起止点、交通方式、通行速度、时长、路线选择、拥堵状况等信息，对个体活动行为特征、职住分离、三生功能用地分布状况及交通用地合理性进行分析，土地功能单元的空间分布、利用效率等评价和空间优化具有支持作用。

（六）社交应用网络数据

网络作为国民经济和社会发展不可或缺的平台，正全面影响着居民活动和企业经营，它包含反映城市空间组织和居民行为特征的社交网络数据。社交应用网络，如微信、微博、QQ、人人网、Twitter、Facebook、Flikr 等，可提供用户活动地点、好友、社交信息数量和频次等结构化、半结构化和非结构化的海量用户行为数据。利用网络爬虫技术(检索和获取数据的计算机程序)对数据进行下载、整理，可用于研究用户活动状态和特征；分析网页链接结构，评估网页的资源量；挖掘网页访问日志记录，提供个性化的产品和服务。这些工作是城市活跃地点分布监测、居民行为特征分析、土地利用效率评定与空间优化途径分析的基础。

（七）智能交通数据

智能交通设备和系统，如智能公交、电子警察、交通信号控制、卡口、交通视频监控、出租车信息服务管理、城市客运枢纽信息化、GPS 与警用系统、交通信息采集与发布、交通指挥类平台等，每天可产生大量交通数据，包括用户活动内容和路径、刷卡地点和时间、乘车时长、司机和车辆编号、行驶轨迹和速度、车辆违章、交通事故、道路拥堵、全时段客运人数及迁移信息、车辆运营效率、换乘信息、交通气象、停车场信息、出行方式和事件、路线及车次选择、物流、货运效率等信息。这些信息可用于交通实时监测、交通状态分析、交通设施评估、居民出行行为研究，以及交通与用地类型及数量、用地效率之间关系的分析，支持城市土地利用空间优化。

(八)物联网传感器数据

物联网传感器数据服务于城市治安、交通、生态环境质量管理等的城市传感器网络，为土地利用优化提供了更具实时性和精确性的高附加信息。海量物联网节点的实时采集，使其数据生成频率要远高于互联网。这些多样化的数据支持各种城市管理或服务领域的复杂应用，能够对城市环境内不同目标和属性的数据进行有效的描述，如温度、湿度、光照度、空气质量、噪声等物理数据，含氧量、二氧化碳等化学数据，细菌数和植被指数等生物数据。这些数据既包括底层采集的原始数据，也包括聚合后的高层概括性数据，在货物跟踪、环境监测、气象监测、城市路灯控制、城市安防监控、车辆监控调度等方面均得到了成功的应用，对城市功能用地效率、生态环境质量评估，以及进一步的土地利用空间优化具有重要的支持作用。

(九)社会经济统计数据

社会经济统计数据是土地利用优化中效率评价的重要信息。在土地利用优化过程中，评估机构需要参考社会经济统计数据来进行不同统计单元尺度的综合评估。其中，最直接有效的是经济普查数据，它能够反映出中国三大产业发展规模及布局、产业组织、产业结构、产业技术的现状及各生产要素的构成，以及服务业、战略性新兴产业和小微企业的发展状况。利用地址解析可获取企业位置，将社会经济统计数据在格网层次进行降尺度处理。结合人口和用地数据，社会经济统计数据可以用于人口—产业—用地的关联分析，研究"三生用地"的利用效率等。

（十）台站观测数据

台站观测是生态、环境、农业、地球物理、海洋、天文等领域获取第一手真实性科学数据的主要方式。目前，中国科学院、水利部、农业农村部、生态环境部、自然资源部等部门均建立了相应的野外观测台站，这些台站是野外科学观测、科学实验和科技示范的重要基地。例如，中国科学院先后建立了 212 个野外台站，中国生态系统研究网络包含有 8 个类别 42 个生态站。台站观测数据对城市自然、生物环境及人工环境的演变规律分析，资源环境动态调整，功能用地类型结构优化，城市社会经济发展，资源利用效率提高与生态环境维护等均有重要的支持作用，因而其成为土地利用优化中生态环境质量评估与模拟、区域土地利用优化分析不可或缺的重要资料。

三、大数据支持下的城市土地利用优化思路

在大数据的支持下，土地利用的优化工作不仅在支撑数据源方面得到了有效的多元化改进，还在分析手段方面同时关注了政府、企业、居民的共同需求，充分考虑了社会、经济、环境和人文要素，进行了多元、多目标约束下的复合分析。利用各种潜在的大数据资源进行土地利用优化的多方面工作，在空间尺度上细化，以提高优化方案的可行性。

（一）大数据支持下的土地利用优化思路

大数据支持下的土地利用空间优化工作应当遵循以下思路：根据土地利用优化的实际需要，利用网络爬虫、直接下载或与企业/研究机构合作等方式获得相应的大数据集。根据不同来源的大数据类别、格式、更新周期、统计特性等，采用分布式管理系统及合适的数据分片与分配策略，确保对大数据的标准化存储管理和高效存取。面向土地利用优化目标，确定不同数据的空间统计尺度（如标准格网、街区、街道等）和时间统计尺度，以便与传统规划数据、土地利用现状数据、统计调查数据进行时空匹配和深层次模型分

析。根据提前设定的大数据时空标准尺度，用数据融合、数据汇总、空间分布模式分析、缓冲区分析、空间关联分析等手段处理各种原始大数据，以供后续数据挖掘和知识发现使用。对大数据进行模型驱动及空间数据挖掘等，将大数据逐渐升华为支持土地利用优化的信息和知识，如细粒度的不同功能用地效率及空间分布合理性等。在大数据分析与知识发现的基础上，开展土地利用优化服务，评价土地利用空间质量，分析空间用地布局的优劣，并与城市空间扩展预测模型相结合，分析土地利用优化的规模控制方案、空间布置优化思路，支持不同土地政策可能带来的土地利用问题的情景分析。

(二)大数据时代的城市土地利用优化潜在应用分析

目前，土地利用优化工作主要体现在三个方面(见表 5-1)。其中，土地利用空间质量评价是土地利用现状评价的重要内容，主要是为土地合理利用决策提供科学依据。重点关注不同土地利用对象的空间分布现状及利用潜力的综合分析，主要是基于统计资料和土地利用指标体系来进行城市宏观层面的统计性评估，而微观层面的城市主体对建成环境的感知或满意度有所忽略，较难客观地反映城市空间综合发展质量。

表 5-1   大数据支持下的土地利用优化潜在应用

潜在应用领域	分析要素	大数据类型
土地利用空间质量评价	城市人居热环境分析	台站观测数据
		遥感影像数据
	城市空气质量分析	物联网传感器数据
	城市交通用地效率分析	智能交通数据
	城市产业用地效率分析	社会经济统计数据
		个体时空数据
	城市居住用地效率分析	遥感影像数据
		个体时空数据
		电子地图数据
	城市生态用地质量分析	遥感影像数据
	土地利用强度分析	个体时空数据
		社交应用网络数据

潜在应用领域	分析要素	大数据类型
空间用地布局优化	功能区划分	遥感影像数据
		个体时空数据
		电子地图数据
		智能交通数据
	城市绿道规划	智能交通数据
	人口空间分布分析	社会经济统计数据
		个体时空数据
	公共服务设施规划	基础地理数据
		个体时空数据
城市空间扩展预测	城市人口活动范围分析	个体时空数据
	区域联系度分析	智能交通数据
	人口变化规律分析	社会经济统计数据
		社交应用网络数据
	用地潜力分析	遥感影像数据

空间用地布局优化是在土地资源用地现状、未来发展方向及政府目标导向等条件的约束下所作出的空间安排，是土地利用空间规划的关键环节，主要涉及空间结构、功能分区及用地优化布局三个层次。传统的空间用地布局更多从宏观层面考虑区域发展/城市需求，着重强调空间的功能分区，忽视不同功能用地的空间优化分布。

城市空间扩展预测涉及人口扩展和用地扩展两个方面。传统的人口扩展预测一般是利用历年人口统计数据，再结合未来发展目标和人口增长变化趋势进行建模预测；用地扩展预测是在分析人口增长的基础上，结合用地潜力评价，根据近远期用地发展需求建立模型，预测未来一段时间内的用地总量。由于人口预测缺少内部空间结构及空间动态变化的准确把握，用地潜力与用地现状的空间描述能力不强，加之较少考虑城市可建用地容量的限制，最终导致用地扩展的预测结果局限于行政单元尺度上的总量预测，难以进行准确的空间描述。

在大数据的支持下，更丰富的信息支持、细粒度数据的支撑将使这三个方面提供更有价值和可操作性的分析结果。大数据支持下的土地利用空间质量评价将居民个体对建成环境的感知作为评价土地利用发展质量的重要指标，通过对居民就业、出行、迁居等行为数据的时空汇总分析，发现城市居民活动—移动系统的时空特征及存在的问题，并与城市土地利用图进行叠加分析，发现土地利用空间分布、利用效率及发展趋势中存在的问题，从而在一定程度上提高了土地利用空间质量评价的效果，对城市空间结构和用地布局进行科学优化和调整。

基于大数据的空间用地布局优化侧重于政府、企业及居民等土地使用主体的日常活动分析模拟，通过探索不同用地的居民活动时空特征，采用聚类算法、支持向量机算法和随机森林算法等，实现对土地利用类型和功能分区的动态感知，并在此基础上通过土地的高效利用和混合布局来满足不同用地群体的空间发展需求，平等地享有和集约利用土地空间，实现土地利用空间布局优化的目标。大数据支持下的城市空间扩展预测能综合考虑居民日常的出行活动规律，分析各街区人口变化和街区间的人口交换情况，通过用户属性数据分析常住人口与外来流动人口、青少年人口与中老年人口的比例关系及变化规律，再结合基于遥感的用地潜力分析、居民意愿数据和案例数据，以及勘测、规划和政策等多重维度的数据，综合利用统计分析、空间扩展模型等方法来模拟城市不同年份的用地现状和变化情况，分析城市人口活动范围，从而科学地划定未来的城市增长边界。

四、总结

大数据时代的城市土地资源管理与土地利用优化更需要关注政府、企业及居民的共同需求，充分挖掘反映土地主体行为与活动的网络、移动设备及传感器等大数据，结合基础地理、规划资料等信息，建立专题数据库、空间数据库及规划数据库。同时，运用时空行为分析、质性分析等多学科方法来探讨城市土地利用与居民活动之间的密切关系，最终通过空间布局优化来实现土地资源可持续发展的目标。

利用大数据进行土地利用空间布局优化具有较大的优势，能够避免在传统土地利用优化中存在的诸多局限性，但是还存在一些问题和挑战。第一，现有土地资源的数据获取和处理技术尚未成熟，存在数据有效性、冗余处理、剥离等方面的技术盲点；第二，由于涉及利益和保密性等因素，土地利用数据整合共享存在一定难度，限制了空间优化数据获取的广度和深度；第三，土地是各种要素交汇、大量信息交融、多种空间交叉的复杂结合体，基于大数据的土地利用空间优化成果集中理论和方法层面，尚未形成完善的技术体系，在模拟和分析要素相关性方面具有较大的局限性，如何与传统数据分析相结合来避免类似问题还需进一步探索。

大数据时代的到来意味着思维方式的变革，基于全样本微观数据挖掘的要素间相关关系研究可以把握发展的总体规律，发现传统小数据样本分析难以得出的潜在现象，将成为未来城市土地利用研究的新方向。

第三节　城市化背景下的土地高效利用策略

在迅速发展的城市化背景下，实现土地的高效利用对城市可持续发展至关重要。大数据分析在此过程中发挥着关键的作用，其能够为决策者提供前所未有的信息洞察。通过深入研究城市化趋势、土地资源状况及先进的智能城市技术，决策者能够制定出一系列具体且切实可行的土地高效利用策略。首先，通过对城市化趋势的深入分析，决策者能够准确了解城市人口增长和土地需求的变化。借助大数据的空间分析可以确定城市化的方向，为未来土地规划提供方向性指引。在这个基础上，决策者可以进行土地资源状况的全面评估，包括土地质量、用途和未开发潜力等。通过大数据的支持，决策者能够精准判断土地可利用性，优化土地配置，以确保资源得到最充分的利用。智能城市技术的引入也是实现高效土地利用的关键。物联网、人工智能和大数据分析的有机结合，可以实现对城市各方面的实时监测与管理。例如，通过交通流量、人员活动等数据的分析，决策者可以优化城市功能区的划分，合理安排商业、居住、工业等区域，提高土地的多功能性和综合效益。

土地开发潜力分析是另一关键领域，通过大数据技术，决策者能够发现城市内尚未充分开发的土地潜力。该分析包括对空置土地的分析，以及对老旧建筑改造的可行性研究。通过这种方式，决策者可以更好地挖掘城市内部的潜在资源，实现土地的高效利用。其次，在制定土地高效利用策略时，决策者也要考虑可持续发展的因素。通过分析城市土地利用对环境的影响，决策者可以制定符合可持续发展原则的土地管理策略，包括生态保护、资源节约和社会公平等方面。最后，通过借鉴国际经验，发现其他城市在土地高效利用方面的成功经验。

综合而言，城市化背景下的土地高效利用策略基于深入的大数据分析和全面的规划，结合城市化趋势、土地资源状况、智能城市技术、土地开发潜力和可持续发展原则，借鉴国际经验，为城市的可持续发展奠定了坚实基础。

一、城市化趋势分析

城市化趋势分析是描述当前城市化的趋势，包括城市人口增长、土地扩张速度等方面的数据。随着全球经济的不断发展，城市化已成为不可逆转的潮流。在这一浩大的潮流中，城市人口的快速增长及土地扩张成为被关注焦点。分析城市的历史发展和当前趋势，能够更深入地理解城市化的现状，并为未来制定土地高效利用策略提供全面且有深度的依据。

(一)城市人口增长趋势

在大数据的支持下，决策者能够观察到近年来城市人口的迅速增长。根据国家统计局发布的数据及相关统计公报，2023 年年末，城镇人口占全国人口的比重为 66.16%，城市人口规模不断扩大。城市人口的增长由多种因素共同驱动，包括农村人口向城市的流动、经济的快速发展、社会服务体系的完善等。这一趋势在全球范围内普遍存在。联合国统计数据显示，到 2050 年，全球城市人口预计将占总人口的 2/3 以上。这说明城市化不仅是中国的挑战，也是全球共同面对的重要议题。

（二）土地扩张速度与城市空间结构

与城市人口增长相伴的是城市土地扩张。大数据技术让决策者能够全面了解不同城市的土地利用状况。例如，在亚洲一些发展迅猛的城市，土地扩张速度要远超过人口增长速度，导致城市蔓延式发展，并由此带来了一系列环境和社会问题。同时，大数据的时空分析揭示了城市空间结构的复杂性。一方面，一些城市中心区域经历了高度集约化的土地利用，强调垂直发展，提高了土地利用效率；另一方面，城市的外围区域可能面临过度的低密度发展，导致资源浪费和交通拥堵。

（三）城市化带来的挑战

城市化带来了一系列的挑战，人口和土地规模不断增长，交通拥堵、空气污染、资源浪费等问题日益凸显。大数据的深入分析能够定量评估这些挑战的严重性，为制定土地高效利用策略提供科学依据。

（四）大数据助力土地高效利用策略的制定

基于对城市化趋势的深刻认识，制定土地高效利用策略就显得尤为迫切。大数据分析为决策者提供了城市内部的微观数据，如人口密度、交通流量、土地利用类型等，这些数据有助于科学划分城市功能区，实现不同区域的差异化管理，提高土地利用的精细化和多元化。同时，大数据技术的引入也为城市规划和土地利用提供了实时的监测手段。通过对城市内各项数据的实时监控，决策者可以随时调整土地利用策略，使其更加灵活和适应城市化趋势的动态变化。此外，大数据还能够帮助决策者挖掘城市内部未充分利用的土地潜力。通过分析空置土地、老旧建筑改造等数据，决策者可以实现城市内部土地资源的再生与更新，提高土地的综合效益。

城市化趋势既是全球性的发展潮流，也是一个复杂且多层次的系统工程。通过大数据的深入分析，决策者能够更全面地认识城市化的现状、挑战与机遇。在此基础上，制定土地高效利用策略就变得尤为重要。大数据的引入使这一过程更加科学、准确，并为城市的可持续发展提供了有力的支持。未来，随着技术的不断进步，大数据分析将继续在城市规划与土地管理领域发挥越来越重要的作用。

二、土地资源状况评估

城市土地资源评估包括土地质量、土地类型、土地用途等方面的数据。综合分析这些数据可以为决策者提供城市土地资源的全面信息。城市土地资源是城市发展的核心元素，其有效利用对城市可持续发展至关重要。运用大数据技术对城市土地资源进行详细评估，可以为决策者全面认识城市土地资源提供依据。

（一）土地质量分析

大数据技术能够为城市土地质量提供全面客观的评估。通过整合地质勘探数据、土壤检测数据、卫星影像数据，能够得到城市土地的质地、肥力、透水性等多维度信息。例如，遥感卫星数据可以实现对土地表面覆盖的分类，以得到城市各区域的土地质量。这为决策者提供了科学的土地基础信息，有助于合理利用土地资源，确保城市的可持续发展。

（二）土地类型分析

城市土地种类繁多，不同类型的土地能够对城市的功能和发展起到不同的支撑作用。大数据分析可以解析城市土地的多样性。卫星影像、GIS等数据，能够识别和划定城市内部的各类土地，其中包括但不限于居住区、商业区、工业区、绿地等。这为决策者提供了深入了解城市土地利用结构的机会，有助于制定差异化的土地规划策略。

（三）土地用途分析

土地用途的科学规划是城市发展的重要保障。大数据技术可以为土地用途分析提供更为精准的数据支持。通过整合地籍调查数据、市政规划数据及企业用地信息，决策者能够更全面地了解城市土地的实际利用状况。例如，通过分析企业用地的用途与规模，可以更好地评估工业用地的需求，为未来的工业用地规划提供依据。

（四）土地变化趋势分析

城市土地资源不断发生着变化，了解这些变化趋势对科学规划至关重要。大数据的时序分析功能能够观察到土地的演变过程。对历年土地利用数据的比对可以分析出城市土地利用的变化趋势，包括土地面积的增减、功能区域的扩张或压缩等。土地变化趋势分析不仅有助于发现城市土地资源的"瓶颈"和潜力，还能为未来土地利用规划提供可靠的参考。

（五）土地资源评估的优化

大数据技术的引入不仅是为了呈现数据，更是为了通过数据的深度分析，为土地资源评估提供更为科学的依据。通过建立土地资源评估的数学模型，决策者能够量化不同维度的土地数据，为城市土地资源提供精准的综合评估。土地资源评估不仅可以辅助决策者了解土地资源的现状，还有助于预测未来土地利用的趋势，更好地制定城市的土地利用策略。

运用大数据技术对城市土地资源进行详细评估，不仅能够深入了解土地的物理特征，还能够揭示土地的多样性、变化趋势和利用潜力。这为决策者提供了全面认识城市土地资源的工具，有助于科学制定土地利用规划策略，促进城市可持续发展。随着技术的不断进步，大数据分析为城市土地管理提供了越来越精准、全面的支持，助力城市朝着更加智能、高效的方向发展。

三、土地利用规划的历史回顾

回顾过去的土地利用规划，分析其中的优点和不足。通过大数据回顾城市过去的规划，探讨哪些策略取得了成功，哪些方面需要改进，为未来规划提供经验教训。城市土地利用规划的历史回顾是深刻认识城市发展过程中成功经验和不足之处的关键一环。通过大数据技术对城市过去的规划进行全面回顾，剖析各个时期的规划策略，分析其优点和不足，为未来规划提供经验教训。

（一）过去土地利用规划的成功经验

早期的城市规划注重功能区划，将城市划分为居住、商业、工业等不同功能区域。这种划分在一定程度上促进了城市内各个领域的专业发展，推动了城市协同发展，如商业区集中带来的繁荣，居住区的和谐居住环境等。成功的规划注重城市的生态环境和居民生活质量。规划公园、绿道、广场等公共空间可以提高城市的宜居性。这样的规划策略不仅让城市更具吸引力，还改善了市民的生活体验。有效的交通规划和基础设施建设是城市可持续发展的基石。过去的成功规划在解决交通拥堵、提高城市运行效率方面取得了显著成果。例如，地铁、高速公路等交通设施的规划建设，为城市居民提供了更便捷的交通方式。

（二）不足之处及需要改进的方向

过去的规划在面对城市动态变化时显得较为僵化，城市的快速发展往往超过了决策者的预期，导致一些规划措施无法有效适应城市的实际需求。因此，未来的规划需要更加灵活，能够随时调整以适应城市的动态发展。部分过去的规划往往只注重当前区域的利用，缺乏全局视野。这导致城市内一些区域的发展不平衡，资源利用不充分，容易形成城市边缘化问题。未来的规划需要更注重全局平衡，统筹配置城市内外的资源。随着科技的不断进步和新兴产业的涌现，传统规划往往难以适应新的城市发展需求。例如，智能科技、绿色产业等的兴起需要决策者更具前瞻性，及时调整规划方向，以促进城市经济的可持续发展。

（三）大数据的角色与应用

大数据技术为过去规划的回顾提供了更全面的视角。通过对历史数据的挖掘，可以深入分析过去规划的实施情况，评估其成效，发现规划中未曾考虑的因素。例如，通过大数据分析交通流量、人口流动等数据，能够发现交通规划是否能够满足实际需求，人口分布是否与规划初衷一致等。同时，大数据的应用也使规划更具科学性。通过城市感知技术、智能交通监控等手段，决策者可以实时获取城市运行的各种数据，为规划提供更精准的决策支持。这种实时数据的获取与分析，使规划可以得到更及时地调整和优化。

通过对城市土地利用规划的历史回顾，既可以看到过去规划中的成功经验，也可以发现其中的不足之处，大数据技术的引入为这一回顾提供了新视角和方法。未来的规划应更具前瞻性、灵活性，更注重全局平衡，以适应城市发展的动态变化，为城市的可持续发展提供更科学的指导。

四、智能城市技术与土地管理

智能城市技术包括物联网技术、AI 技术、大数据分析等技术，分析这些技术如何提升土地利用的效率、精确性，可以为决策者提供更科学的决策依据。随着智能技术的迅速发展，智能城市技术在土地管理领域的应用正成为提高土地利用效率和规划科学性的关键因素。

(一) 物联网技术在土地管理中的应用

物联网技术通过连接各类感知设备，实现对城市各方面数据的实时监测和汇总。在土地管理中，物联网可以用于监测土地的利用情况、土地质量、气候状况等信息。例如，通过在土地上部署传感器，决策者可以实时监测土地的湿度、温度、养分含量等数据，为农业土地的合理管理提供数据支持。物联网还能在城市建设中发挥作用，通过智能城市中的传感器网络，可以实时监控建筑物的使用情况、道路交通状况等，为决策者提供全面的城市运行数据。这些数据有助于科学规划城市各区域的功能，提高土地利用的效率。

(二) 人工智能技术在土地管理中的应用

AI 技术在土地管理中应用广泛，涵盖土地资源的分析、规划和决策等多个方面。通过机器学习算法，决策者可以分析历史数据，预测土地利用趋势，为未来规划提供科学依据。在土地利用规划中，人工智能可以通过对城市内部各类数据的分析，优化土地分配方案。例如，通过分析

119

不同功能区的发展趋势和需求，AI可以提出更符合城市发展趋势的土地规划，使土地的利用更加合理、高效。此外，人工智能在土地资源评估中也发挥了重要作用。通过对大量的土地数据进行深度学习，决策者可以更准确地评估土地的质量、适用性等信息，为土地开发提供更科学的决策基础。

（三）大数据分析在土地管理中的优势

大数据分析是智能城市技术中不可或缺的一环，其通过对庞大的数据集进行处理和分析，为土地管理提供了更全面的视角。在土地管理中，大数据可以帮助决策者更全面地了解土地的各项指标，包括土地类型、用途、质量等。通过大数据分析，决策者可以发现土地的潜在价值和利用潜力。例如，分析城市中空置土地的数据，可以发现哪些土地资源被低效利用，为决策者提供优化土地利用的建议。大数据还可以协助决策者进行土地利用的动态监测。通过对城市内部各项数据的实时监测，决策者可以随时调整土地利用规划，以适应城市发展的动态变化。

（四）智能城市技术提高土地利用的效率和精确性

物联网、人工智能和大数据分析等智能城市技术的应用，可以明显地提高土地利用的效率和精确性。首先，物联网技术实现了对土地多维度信息的实时监测，为决策者提供了精准的土地数据。其次，人工智能通过对数据的深度分析，可以发现规划中未曾考虑的因素，为土地利用提供更科学的决策依据。最后，大数据分析使决策者能够从更全面的视角了解城市土地资源，帮助其制定更科学、灵活的土地规划策略。

随着智能城市技术的不断进步，其在土地管理中的应用将进一步深化，但也需要面对一系列挑战，如数据隐私保护、技术标准统一等问题。解决这些挑战将有助于智能城市技术更好地服务于土地管理，为未来规划提供更科学的支持。智能城市技术在土地管理中的应用为决策者提供了前所未有的机会，使土地利用更加高效和精确。物联网、人工智能和大数据分析等技术将使未来城市规划更具科学性、智能性，可以为城市的可持续发展提供更有力的支持。

五、城市功能区划分

利用大数据进行城市功能区划分，根据不同区域的特性和需求，提出相应的土地利用策略。例如，商业区、居住区、工业区等区域的科学划分，可以满足城市不同区域的需求。城市功能区划是城市规划中的重要环节，决定了不同区域的用途和发展方向。利用大数据技术进行城市功能区划分不仅可以更全面地了解城市内部的特性和需求，还可以提供更科学、精准的土地利用策略。本部分将深入探讨如何运用大数据进行城市功能区划分，并针对不同区域提出相应的土地利用策略。

(一)大数据在城市功能区划中的应用

1. 区域特性分析

大数据技术可以整合各类数据源，包括人口普查数据、社会经济数据、交通流量数据等，对城市不同区域的特性进行深入分析。通过对这些数据的综合研究，可以识别出商业区、居住区、工业区等不同区域的特点，包括人口密度、消费水平等。

2. 需求识别和预测

大数据分析可以帮助决策者更好地识别和预测城市内不同区域的需求。通过对消费行为、社交活动等数据的分析，决策者能够了解商业区的繁荣程度、社区居民的文化需求，从而更准确地判断不同区域的用地需求。

3. 空间优化

利用大数据技术，决策者可以对城市内的空间进行精细化分析和优化。通过监测时空数据，决策者可以识别交通拥堵的原因、人流密集的区域等，为城市功能区划提供更合理的土地利用方案。

(二)基于大数据的城市功能区划

1. 商业区

大数据为商业区划分提供了全新的视角。通过对购物行为、消费水平

121

等数据的分析，决策者可以了解商业区的核心位置、热门商圈、不同消费群体的分布情况，并根据这些信息科学划定商业区的边界，提出合理的商业用地比例，促进商业的繁荣发展。

2. 居住区

大数据不仅可以帮助决策者了解居民的居住习惯，还可以分析社区内的文化活动、教育资源等。通过对这些数据的深度挖掘，决策者可以更好地确定居住区的宜居性要素，包括公园绿地的布局、社区服务设施的配套等，为城市居住区的规划提供更科学的依据。

3. 工业区

大数据在工业区规划中也发挥着关键作用。通过对工业生产数据、用电量、废弃物排放情况等数据的分析，决策者可以科学地划定工业用地的范围和比例。同时，大数据还能帮助决策者识别工业区内潜在的环保隐患，为环保措施提供有力支持。

(三) 智能土地利用策略的提出

大数据分析可以准确判断城市中心商业区的活力和发展潜力。决策者可以制定政策，进一步强化这一区域的商业功能，提供更多商业用地，并优化交通、停车等基础设施，提高商业区的吸引力。利用大数据分析居住区的社会活动、文化需求等信息，有助于决策者优化居住区的布局。决策者可以通过提高绿地比例、规划文化设施等方式，提升居住区的宜居性，满足居民多样化的生活需求。大数据可以帮助决策者更好地了解工业区的运行情况，从而制定出更科学的土地利用策略。决策者可以通过提升工业用地的利用效率、推动绿色产业发展等方式，促进工业区的可持续发展。但是，大数据驱动的城市功能区划分仍然面临一些挑战，如数据安全隐患、技术标准不统一等问题。解决这些问题，需要政府、企业和社会各方的共同努力，建立更为完善的法规体系和技术标准。未来，随着智能技术的不断发展，大数据在城市功能区划分中的应用将会更加深入。

六、土地开发潜力分析

利用大数据技术分析城市中尚未充分开发的土地潜力，包括空置土地、老旧建筑改造等。通过土地开发潜力分析，决策者可以更好地挖掘城市内部的潜在土地资源，实现土地的高效利用。城市作为不断发展和演变的有机体，蕴藏着丰富的土地资源，然而如何更有效地开发和利用这些潜在资源一直是决策者关注的焦点。

（一）大数据在土地开发潜力分析中的角色

大数据技术通过整合卫星影像、地籍调查数据、实地勘察资料等多源数据，能够准确识别出城市中的空置土地。通过对这些土地的面积、地理位置、土地质量等信息的分析，决策者可以更全面地了解这些空置土地的潜在价值和可利用性。大数据分析不仅能够识别空置土地，还能帮助决策者评估老旧建筑的改造潜力。通过对建筑的结构、历史价值、周边环境等多方面数据的分析，决策者可以确定哪些老旧建筑具有改造价值，从而实现资源的再利用。利用大数据分析城市的交通流量、基础设施分布等数据，有助于决策者识别土地潜力。通过对交通繁忙区域周边的土地进行分析，决策者可以发现潜在的商业发展机会。另外，通过分析基础设施的分布情况，决策者可以确定哪些地区适合发展住宅区，从而提高土地的利用效率。

（二）土地开发潜力分析的具体步骤

在进行土地开发潜力分析之前，决策者的首要任务是收集多源数据，包括卫星影像、地籍调查数据、交通流量数据、基础设施分布数据等。通过大数据技术的整合与清洗，这些数据形成了一个全面、准确的城市土地信息数据库。分析卫星影像和地籍调查数据可以识别出城市中的空置土地。通过图像识别技术和GIS，决策者可以实现对空置土地的定位和辨识，同时获取土地的基本属性信息。这些信息可以帮助规划者对老旧建筑进行全面评估，包括建筑的年限、结构状况、历史价值等。结合周边环境和交通便捷性等，建筑改造潜力评估模型可以确定哪些老旧建筑适合进行改造，从而实现土地资源的再利用。分析城市的交通流量、交通枢纽、基础设施布局等数据有助于准确识别土地潜力。例如，交通繁忙的商业区周边可能存在商业开发的潜力，基础设施较为完善的区域适合发展住宅区。基于对土地潜力的深入分析，决策者可以制定科学的土地开发策略，包括确定不同区域的用途，提出建设性的改造方案，为城市规划提供可行性建议。

（三）智能土地利用的实现

人工智能技术在土地开发潜力分析中发挥着关键作用。通过机器学习算法，决策者可以更准确地识别土地的潜力，预测土地开发的效果，并根据实时数据不断优化土地利用策略。大数据技术可以建立决策支持系统，为决策者提供实时、准确的土地开发信息。这个系统可以整合各类数据，为决策者提供多维度的决策支持，使其能够更科学地制定土地利用策略。另外，大数据技术可以帮助决策者更好地了解市民的需求和期望。通过在线调查、社交媒体分析等手段，决策者可以收集公众对土地利用的看法，并将其纳入土地开发潜力分析的考量因素中。大数据驱动的土地开发潜力分析仍然存在一些挑战，如数据隐私保护、技术标准不一等问题。解决这些问题需要政府、企业和社会各方共同努力，建立更为完善的法规和技术标准。随着智能技术的不断发展，大数据在土地开发潜力分析中的应用将更加深化。更加智能、精准的土地利用将成为城市可持续发展的关键一环，使其为人们创造更宜居、高效的城市环境。

七、可持续发展考虑

土地高效利用策略中的可持续发展因素包括环保、社会公平、经济效益等指标。通过大数据分析城市土地利用对环境的影响，决策者可以制定可持续的土地管理策略。可持续发展已成为现代城市规划的核心理念之一。土地高效利用策略不仅要关注经济效益，还要在环保、社会公平等方面寻求平衡。

（一）可持续发展因素在土地高效利用中的作用

在土地高效利用策略中，环保是不可忽视的重要因素。大数据技术可以提供城市土地利用对环境直接和间接的影响数据。通过分析土地利用类型、建筑密度、交通枢纽等数据，决策者可以量化城市的碳排放、空气质量等环境指标，从而有针对性地提出能够降低环境负担的土地管理策略。可持续发展要求土地利用策略不仅要关注经济效益，还应当考虑社会的公平性。大数据可以揭示不同区域的社会经济状况、人口分布等信息。基于这些数据，决策者可以制定土地利用策略，促进社会资源均衡分配，避免贫富差距扩大，实现社会公平。尽管环保和社会公平至关重要，但土地高效利用策略仍然需要考虑经济效益。大数据可以提供城市各区域的经济活力、商业发展潜力等信息，决策者可以根据这些数据，优化土地利用结构，推动经济可持续增长。

（二）大数据分析在可持续土地管理中的应用

决策者可以利用大数据技术对城市土地利用的环境影响进行全面评估。通过分析不同土地利用类型对空气质量、水质等的影响，决策者可以提出更具可持续性的土地管理策略，降低城市的生态足迹。利用大数据分析城市的人口、社会资源分布等数据，有助于决策者更全面地了解社会公平的现状。通过对不同区域社会资源分布的深入分析，决策者可以制定土地利用策略，促使资源均衡分配，减少社会不平等现象。大数据在分析城市经济活力方面发挥着关键作用。通过对商业区域、产业区域经济数据的分析，决策者可以制定土地利用策略，推动城市可持续发展，包括提升商业区的竞争力、鼓励绿色产业发展等。

（三）可持续发展的土地管理策略

在土地高效利用策略中，决策者可以借助大数据分析，制定生态友好型土地规划，确保自然资源的合理利用，保护生态系统的稳定性，减缓城市化进程对生态环境的冲击。利用大数据技术，决策者可以评估城市社区的资源分布情况，实现社区共建共享的目标，提升社区内的公共服务设施、文化设施，实现社会资源的均衡分配，促进社区公平发展。大数据技术可以为决策者提供城市经济活力的详细数据，决策者可以根据这些数据，制定绿色经济区域规划，推动可再生能源的开发与利用，促进绿色产业的发展，实现经济的可持续增长。

第四节　基于数字化技术的集约型城市优化分析

在数字信息时代，社会各行各业的思维和行为方式都在迅速发生改变，人们对高效性和精准度的追求已成为这个时代社会发展的重要标志。如今，城市设计的任务不再局限于对局部空间形态的营造，应提升为从物质空间形态的角度制定城市发展策略。因此，传统城市设计方法将面临前所未有的技术困境，对数字化城市设计的探索和应用将成为破解当前一系列技术难题、促进城市可持续发展的重要方法。

数字技术在城市设计中的应用包含三个核心要素：思维、数据和算法。思维是指希望通过数字化技术解决哪些问题，思考所需采集的数据类型，以及相关算法的选择；数据是指所采集的相关数据信息，越详尽越好；算法是指用于计算和统计的数学模型及其相关计算方法。在数字化技术应用前期，数据采集是最关键的步骤，数据的丰富度对后期预测结果的准确性影响较大。虽然，目前网络上有大量的共享数据，但是真正能够体现街区空间物质形态，并且能为其形态发展作出回应的数据相当匮乏，因此，街区模型库及相关形态数据采集依然是集约化评价和优化的关键点。

随着数据量的增加，算法将逐渐取代数据成为数字技术的核心内容。在数据信息处理中，算法的本质是探索数据规律，这与城市设计对物质形态发展规律的探索不谋而合。当研究样本的数据量较小时，数据规律往往可以通过一些相对简易的数据统计来获得；当数据量较大时，数据结构的复杂性也将明显增加，此时算法就成为数据规律探索的技术壁垒。随着计算机科学和统计学的发展，人工智能技术成为大数据处理的关键技术，深度学习便是其核心内容之一。

一、数字化城市设计的兴起与发展

(一)当代城市设计的困境

巴黎改造、巴塞罗那扩张及维也纳城市更新三个城市设计早期项目到今天已经历了 160~170 年的历史历程，"城市设计"这一名词的诞生距今已有 70 年之久，但是关于城市设计学科的理论基础、研究范围、知识构架、结论呈现及评判基础等一系列问题依然没有得到有效解答。这不仅与城市设计学科理论研究有关，还与城市设计活动在不同历史时期所面临的城市发展问题有较大的关联性。城市设计可以理解为希望通过对城市物质空间形态的把控，统筹解决城市发展所面临的大量问题。只不过在不同时代背景下，城市设计所涉及的城市空间尺度不同，城市发展的主要矛盾不同，待解决问题的难度不同，解决问题的技术方法也不同。因此，与自然科学探索和发现人类固有规律不同，城市设计总是在不停地寻求新的理论和方法来应对城市发展所出现的新问题和新挑战。

当前世界正处在一个极速变革的时代，在这一发展背景下，当代城市设计首先面临的问题已不再是局限于对局部空间形态的设计，而是以更大尺度和更系统的视角下对城市物质形态模型的分析，这大幅超出了基于视觉感知和审美价值判断的传统城市设计所能处理的空间尺度。另外，当代城市设计也不再局限于对城市物质形态要素的静态研究，而是在一个更加复杂、多元的背景下关注城市形态的动态发展规律，从而在发展规律的引导下科学控制物质形态。此外，当代城市设计不仅要关注当下城市所面临的空间问题，还要能够制定具有预见性的空间决策和指导方案，以应对未来城市发展可能面临的困境。

当前城市设计方法所得到的城市实体空间形态实际是在城市发展规律下形成的一种结果，要真正解决当前城市发展所面临的问题，只有积极探索发展规律。因此，当代城市设计不应只停留在城市空间赋形层面，而应去追溯这一赋形背后的空间逻辑。这种空间逻辑既不存在于城市物质空间形态表面，也不在少量局部空间数据信息中，而是隐藏在大量城市空间数据信息背后，并超出了一般人工计算的能力。因此，数字化技术将成为探索城市发展规律最有效的途径和方法。

(二)数字化技术在城市设计中的应用

在当今数字信息时代，几乎所有的城市要素都被迅速转化为数据，其目的是通过数据分析为人类决策行为提供具有针对性的信息。在这样的时代背景下，城市作为人类日常生活的场所，同样迫切需要将其形态转化为有价值的空间数据，以帮助提高城市空间发展决策的科学性，改善城市居住空间品质。因此，数字化技术在城市设计中的应用不仅体现出了基于数据信息的思维模式的转变，还体现出了对于原有城市设计方法的反思和重塑。近年来，以麻省理工学院、伊利诺伊大学香槟分校及俄勒冈大学为代表的建筑院校成为数字化城市设计的前沿阵地，并形成了各种特性鲜明的研究方向。

目前，数字化技术在城市设计中的应用集中体现在三个方面：空间信息数据采集、数据计算与分析、数字化管理。其中，在空间数据采集方面，数字化技术主要应用在空间数据的智能采集和存储中，包括网络开源数据、GIS 平台的数据采集，以及其他基于编程技术的大数据爬取等，这不仅大幅提升了数据采集规模，还提高了数据采集的效率和精确度；在数据计算与分析方面，数字化技术主要应对的是因数据信息急剧增加而带来的数据计算与分析难度问题，其核心内容包括数据统计方法、算法模型，以及对计算结果的校验；数字化管理是对前两类技术分析数据所得结果的呈现。在以上三种应用领域中，前两种是数字化城市设计方法的核心内容。

数字化技术在城市设计中最大的应用价值并非如传统城市设计方法一样体现在具体的形态设计上，而是通过探索城市发展规律提出科学合理的空间决策依据。充分收集并运用多源数据来进行分析是十分必要的，表 5-2 列举了部分数据的种类及其内容。

表 5-2　数字化技术的集约型城市优化利用数据

数据类型	数据内容	数据作用
空间数据	卫星遥感图像、GIS 数据等	提供城市地理特征和土地利用的空间分布信息
社会经济数据	人口统计数据、经济产值、就业率等	为模型提供城市社会层面的信息
流动性数据	移动设备数据、交通流量数据等	揭示城市居民的活动轨迹和流动状况
环境数据	空气质量、噪声水平等传感器数据	为模型提供城市环境的实时监测信息
社交媒体数据	社交平台上的用户活动、评论等	反映城市居民的文化和社交活动

在数字化城市设计的带动下，设计师将不再凭经验、感觉设计，设计行为将建立在对城市形态发展客观规律的分析和推算之上；设计师将不再局限于对实体空间形态的设计和推敲，而是以数据信息分析带动实体空间形态发展演进；设计师将不再按照固定范式和技术方法提供静态的形态发展方案，而是打破原有技术壁垒，以动态视角分析城市形态发展的潜力和多种可能性。

(三)集约型城市街区形态评价与优化的技术流程

数字化城市设计的基本工作流程可以划分为三部分：基础性工作、核心性工作和实施性工作。对应到集约型城市街区形态评价与优化研究中，基础性工作指街区形态模型库与数据采集，核心性工作包括街区形态的集约化评价与非集约型街区形态的优化，实施性工作是指基于评价和优化研究的非集约型街区的形态提升决策。

街区形态模型库与数据采集是进行街区形态评价与优化的基础。由于不同国家和城市在地域环境、社会文化及经济发展等方面存在差异，在城市街区形态发展上也有明显区别，因此，建立世界城市模型库是认识和分析城市街区形态的首要工作。数据采集是在收集街区形态模型的前提下，按照集约化评价与优化的具体需求，将街区形态转为数据信息。但是，随着街区形态研究的不断深入，街区形态数据的采集要求也在不断提高，研究数据不再满足于类似容积率、建筑密度等通过简单人工计算便可获取的用地指标，而是需要通过更加复杂的数学模型或软件编程才能高效采集的形态数据。

在街区形态数据信息统计的基础上，街区形态样本的评价与优化是核心工作，其中评价是优化的前提。针对基于投入和产出的集约化评价需要，本部分选取数据包络分析作为基础评价模型。在平面形态研究中，利用该模型对所研究街区样本的各项平面形态指标进行评价，区分出哪些街区形态已达到集约化水平，哪些街区尚未达到。在此基础上，根据街区形态发展中的学习参照行为，引入人工智能关键技术——深度学习对街区形态发展的空间决策过程进行模仿。通过机器学习分析集约型街区形态所对应的平面形态指标与立体形态指标，对非集约型街区的相应指标与形态进行优化。

二、基于数据包络分析的城市街区形态集约化评价策略

(一)基于生产关系的集约化评价

在列斐伏尔看来，城市空间是一种社会产物，其在1974年发表的《空间的生产》一书中以马克思主义理论为基础，探讨了空间—历史—社会之间的辩证关系，并创造性地将空间生产纳入城市研究的范畴，批判地考察了空间生产与城市的互动关系，这种空间生产理论成为城市形态学的哲学基础。空间生产理论与集约化概念之间有相通之处，即将城市空间发展看作动态的空间生产与再生产过程，其根本动力是平衡物质形态与各项投入要素之间的生产关系。

因此，从空间生产理论和集约化概念出发，便不难理解街区形态集约化评价的基本目的，城市街区形态集约化是分析城市投入不同街区的空间条件与街区所呈现出的物质形态特征之间的效率关系，即城市空间体系与城市街区形态之间的生产关系。城市由大量街区单元组合而成，不同街区拥有差异化的构成要素，具有差异化的街区构成要素量及组合关系最终会形成在形态上千差万别的城市街区。因此，我们可以将每个街区看作具有相似投入和产出要素的空间生产单元，各个街区集约化水平即投入要素和产出要素之间的生产效率，通过衡量不同街区效率水平可以评价各街区形态的集约化水平。

(二)基于投入与产出的评价指标体系与评价模型

数据包络分析(Data Envelopment Analysis，DEA)是运筹学、管理科学与数理经济学交叉研究的一个领域，即使用数学规划模型评价具有多个输入，特别是多个输出的"部门"或者"单位"间的相对有效性。DEA以最小投入和最大产出为目标，通过分析多种投入和产出指标，可以比较提供相似服务的多个服务单位之间的效率，并以DEA有效性和前沿性来判断投入和产出组合是否达到最优效率。

　　城市街区的集约化具有相对性，通过比较样本集合中输入型要素和输出型要素的组合效率，可以判断在该街区样本中有哪些街区是相对集约化，又存在哪些资源浪费现象。然而，当改变评价样本时，原本的集约化街区可能并非集约化。数据包络分析将每个街区看作一个 DMU 单位，集约化街区评价可以等价为计算街区输入型要素和输出型要素组合的 DEA 有效性，当 DEA 有效时，说明在该评价样本中街区输入型要素和输出型要素实现最优组合，即在当前街区条件下，该评价样本中的街区形态已达到集约化。

　　(三) 有效区分集约与非集约型城市街区

　　根据数据包络分析结果，可以从理论上区分集约型街区和非集约型街区，但是这种区分仅存在于数据分析层面。在城市现实发展中，往往存在许多如城中村这样人口密度极高的特殊街区，仅从数据分析来看，这样的形态数据往往会被计算为集约型街区，但从建筑品质、居住环境来说，这种形态不应视作集约型街区。因此，面对数据包络分析结果，首要任务便是进行二次调研，及时剔除数据较好但形态较差的街区，结合数据分析结果和实际形态来区分集约与非集约型街区。

　　另外，数据包络分析的集约化评价完全以投入产出效率为基准，这在一般生产经营评价中相对更加有效，但对于城市形态而言仍然是过于绝对的。在城市形态设计中，土地利用效率固然重要，但依然不能舍弃城市空间的舒适性，还要满足一定的审美感知要求。这种主观意识的参与使我们在区分集约与非集约型街区时能够具有一定的宽容度，即在满足城市街区形态集约化发展的前提下，依然能兼顾主观形态设计带来的一些可能性。因此，在数据包络分析的基础上，还需要适当放宽评价标准，更加全面、客观地区分集约与非集约型街区。

三、基于深度学习技术的非集约型城市形态优化策略

　　(一) 基于相似系数的形态参照

　　无论是在理论研究层面，还是在工程实践方面，建筑、街区乃至城市

131

形态的形成和发展都可以看作从不断反思、模仿、创新，到反思的循环往复学习过程。从维特鲁威的《建筑十书》、柯布西耶的现代建筑理论、城市形态学等一系列的理论探讨中可以发现，大量建筑和城市理论研究者抱着审慎的态度来学习已有建筑或者城市形态的构成特征，并分析其中利弊，总结归纳出理想的形式准则或发展规律。这些通过学习参照形成的理论研究不仅能为设计师提供了认识和分析城市的方法，还能帮助设计师预测可能遇到的设计问题，并给出有效的解决办法。因此，学习参照是贯穿解决设计问题、构建设计方法、分析设计可能性及预测设计结果整个设计过程的基本方法。

街区形态的形成与发展不是一个孤立的过程，而是城市空间体系不断互动和参照学习的动态过程。相关部门或设计人员在制定土地利用和形态发展决策的过程中，总会选择多个具有可比性的街区作为参照学习样本，通过分析学习样本的空间条件与街区形态之间的对应关系，判断街区与待决策街区之间的差异性，据此制定相应的形态发展决策。在 2010 年和 2016 年，王建国、张愚等在《中国科学：技术科学》上先后刊登两篇基于地块相似系数进行城市地块开发强度决策与优化的论文，该论文所利用的相似系数实际上可以看作计算机模仿城市地块开发决策时的学习参照行为。

王建国等认为，城市物质形态是由相互影响和作用的街区组成的，并在总体上呈现出不断自我调适和动态演进的过程。任何一个地块的开发都不是孤立行为，必然会学习类似街区的形态，并对其他具有相似空间条件的街区产生影响，进而对其形态的形成产生影响，并逐渐扩散到整个城市空间。同时，他认为用地条件的相似性是分配用地强度的潜在动力，在衡量街区的区位、交通、功能、环境等方面潜力的基础上，通过学习参照空间条件相似街区的开发强度作出相应决策。这种从相似形态出发进行的参照学习行为能够体现街区开发利用的公平性原则，是目前规划编制和形态决策所遵循的重要原则。

(二)深度学习在土地利用研究中的应用

从研究内容来看，亚洲一些正在经历快速城市化发展的国家(以中国为例)开始应用人工神经网络或深度学习研究城市土地利用问题，研究主要集中在城市扩张、土地利用变迁及环境变化等方面；欧洲与北美洲国家因城市人口和城市土地利用范围相对固定，故城市化问题并非研究重点，而是重点探讨社会经济、人口分布、房地产市场及城市医疗设施等方面的问题。从技术应用的角度来看，深度学习技术在城市土地利用及形态分析领域的应用主要集中在两个方面：分类问题和预测问题。有学者分析了1997~2016年有关深度学习和城市地理学研究的文献，发现约60%的研究集中在分类问题，包括土地覆盖类型、土地利用及社会经济分布等；40%的研究集中于预测问题，如城市土地扩张、城市污染等。从近年来的研究中发现，深度学习技术已逐渐与遥感影像和城市GIS数据相结合，其中GIS数据主要包括城市地形图、城市土地利用和属性特征，以及某些指定设施或者区域的距离、城市海拔、用地面积、坡度等。

从相关研究中不难发现，深度学习技术在城市土地利用中的研究和应用主要集中在城市地理学领域，研究尺度相对较大，很少有涉及中微观尺度下的城市具体形态。虽然，城市形态学研究在很大程度上源于城市地理学研究，但从空间数据获取和处理角度上看，城市形态学研究与城市地理学研究存在一定差距，尤其是近年来卫星遥感影像和城市GIS数据迅速发展，极大地促进了城市地理学对处理数据复杂结构问题方法的积极探索，而城市形态学研究在此方面的发展相对缓慢。随着城市形态学研究不断深入，城市形态学研究逐渐从人文艺术描述向客观数据分析方向转变，许多学者就城市形态构成要素进行量化分析，相关形态数据量也有较大幅度的提升。在此基础上，为探索城市形态发展、设计及规划管理方面的逻辑性和规律性问题，解析并利用城市形态数据所蕴含的结构信息，对城市形态发展进行预测和优化是未来城市形态学研究的重要课题。

城市形态发展往往在许多因素的共同作用下进行，且一般具有一定的规律性。街区作为城市土地管理和形态构成的基本单元，其形态生成的规律性更强。从土地经济视角来看，街区形态直接反映出了街区土地价值、土地开发收益等城市土地经济问题。因此，街区形态往往是在多种影响要素的综合分析和逻辑判断下生成的，既满足城市日常功能和空间需求，也符合城市土地经济发展规律。随着城市形态研究的日趋深入、城市形态日趋复杂、城市土地开发利用日趋理性及城市形态管理日趋精细，街区形态设计与管理需要更多的客观分析作为科学决策的依据。在传统规划设计方法因缺乏数据分析而适用性降低的现实状况下，数字化技术与人工智能技术将成为我们科学发展和管理城市建设的利器。

四、构建城市可持续发展土地利用优化指标

在构建城市可持续发展土地利用优化模型时，需要考虑一系列的主要因素，综合分析城市的发展需求、环境状况、社会公平和经济效益。

(一)可持续性土地利用优化指标

城市土地被划分为不同的类型和用途，包括商业区、居住区、工业区、绿地等。模型需考虑不同土地类型对城市发展的贡献，以及它们在环境、社会和经济层面的影响。通过分析土地类型，模型可以提供更精细的土地利用建议，确保土地在不同区域的最佳利用效果。考虑可持续发展的要求，模型需要综合分析土地利用对环境的影响，包括土地利用类型对生态系统、水资源、空气质量等的影响。模型可以利用环境监测数据和模拟分析，量化不同土地利用决策对城市环境可持续性的影响，为环保友好的土地规划提供科学依据。社会公平是可持续发展的核心原则之一。模型需要考虑土地利用规划对城市居民的公平性影响，包括对教育、医疗、社区服务等资源的均等分配。通过分析社会经济数据和人口分布情况，模型可以识别和减轻潜在的社会不公平问题，并以此促进城市的包容性发展。

模型需要考虑智能城市技术的应用，包括物联网、人工智能、大数据分析等。这些技术可以提高土地利用的效率与精确性，为决策者提供更科学的决策依据。通过整合智能城市技术，模型可以更好地应对城市化带来的挑战，实现土地的智能管理。考虑城市的多功能性，模型需要对不同区域进行科学合理的功能划分，包括商业区、居住区、工业区等。通过分析城市各区域的特性和需求，模型可以提供更具有针对性的土地利用规划，满足不同区域的需求，提高城市的整体效益。最后，模型还应考虑可持续发展的综合因素，如环保、社会公平、经济效益等。综合考虑这些因素，模型可以为决策者提供更全面、平衡的土地利用建议，实现城市的可持续

发展目标。

城市可持续发展土地利用模型的建设需要综合考虑多种因素，以确保土地利用规划在经济、社会和环境方面的综合效益。科学的数据分析和模型建设可以为城市提供更加智能、可持续的土地利用决策支持，推动城市朝着更加宜居、绿色、创新的方向发展。

(二)可持续性土地利用优化指标的整合

在构建城市可持续发展土地利用模型时，引入各种可持续性指标至关重要，如碳排放指标、社会公平指数、经济效益指标等，这些指标是模型的评估标准。这些指标不仅能够量化土地利用规划的效果，还能够全面评估其对环境、社会和经济的综合影响。

1. 碳排放指标

碳排放是评估城市土地利用可持续性的关键因素之一。模型可以引入碳排放指标，分析不同土地利用方案对碳排放的影响。通过分析能源消耗、交通流量等数据，模型可以量化碳排放的来源，为决策者提供低碳、环保的土地利用建议。

2. 社会公平指数

社会公平是可持续发展的核心原则之一。通过引入社会公平指数，模型能够评估不同土地利用方案对城市居民平等权益的分配程度。通过分析社会经济数据、人口统计信息，模型可以识别潜在的社会不公平问题，提供具有包容性的土地利用规划建议。

3. 经济效益指标

模型需要引入经济效益指标，分析不同土地利用规划对城市经济的潜在贡献。通过考虑就业机会创造、产业发展等因素，模型可以为决策者提供经济效益最大化的土地利用建议，促进城市的可持续经济增长。

4. 环境质量评估指标

环境质量是城市可持续发展的基础。引入环境质量评估指标，模型可以分析不同土地利用方案对空气质量、水质等的影响。通过整合传感器数据、环境监测数据，模型可以提供更精确的环境质量评估，为决策者提供绿色、健康的土地利用建议。

5. 资源可持续利用指标

模型应当考虑土地利用对自然资源的可持续利用。通过引入资源可持续利用指标，模型可以分析土地利用方案对水资源、土壤等自然资源的消耗情况。综合分析这些数据，模型可以为决策者提供更加环保、可持续的土地利用策略。

6. 可再生能源利用指标

为了推动绿色能源的使用，模型需要引入可再生能源利用指标。通过分析可再生能源潜力、能源消耗结构等数据，模型可以为决策者提供支持可再生能源的土地利用建议，推动城市向可持续的方向发展。

7. 空间效益指标

模型需要引入空间效益指标，评估不同土地利用方案对城市空间的利用效果。通过分析土地利用的紧凑度、空间利用效率等因素，模型可以为决策者提供更科学的土地利用建议，实现城市空间的高效利用。

8. 韧性指标

城市韧性是指其在面对外部冲击时恢复和适应的能力。通过引入韧性指标，模型可以评估不同土地利用方案对城市韧性的影响。通过分析城市基础设施的抗灾能力、社区的自组织能力等，模型可以提供更具韧性的土地利用规划建议，增强城市的抗灾能力。

通过引入可持续性指标，城市可持续发展土地利用模型可以更全面、科学地评估不同规划方案的综合效果。这样的评估体系能够为决策者提供更具针对性、可持续性的土地利用建议，以推动城市向更为宜居、绿色和创新的方向发展。这符合当今社会对城市发展的更高要求，能够使城市更好地应对未来的挑战。

第六章

大数据有效平衡环境保护与土地利用管理

在自然资源统一管理发展中，建立和谐共生的生命共同体，是环境保护中至关重要的一部分。科学、高效的土地利用管理可以实现土地利用的可持续发展，保护生态环境，促进生活空间、生产空间和生态空间的优化组合。在土地高效利用管理中，环境影响评估是保护生态环境的第一步。大数据分析可以全面评估土地利用变化对自然生态系统、水资源、大气质量等方面的影响，确保土地管理与生态平衡相协调。

土地管理应注重生态系统的恢复与保护。大数据分析可以揭示土地生态系统的变化趋势，指导生态修复工程的规划和实施。各种科技手段的应用，如植被覆盖监测、水质监测等，有助于及时发现并解决生态问题，确保城市土地在经济发展的同时保持生态平衡。利用大数据分析城市的水土流失情况，制定科学的水土保持策略，是土地管理的关键环节。科技手段可以监测土壤侵蚀、水资源利用情况，为规划者提供优化土地利用的建议。合理的水土保持措施有助于维护土地的生产力和生态平衡。土地管理需要关注土地污染问题，大数据技术可以实时监测城市的空气质量、水质等环境指标。科学的数据分析有助于规划者制定有效的污染治理措施，减少环境污染对土地的不良影响。实时监测技术使污染问题能够及早被发现、及时被处理。环境保护与土地管理的结合是土地可持续利用的关键一环。科学的决策和创新的技术手段可以有效平衡土地利用与环境保护的关系，实现自然资源和谐共生、持续繁荣。

第一节　大数据对土地生态系统的监测和保护机制

大数据在土地生态系统监测和保护领域的应用具有深远的影响。充分利用大数据技术能够实现对土地生态系统的全面、实时监测，为科学决策和生态保护提供重要支持。首先，大数据技术在生态系统健康监测方面发挥着关键作用。通过整合遥感数据、生态传感器信息等多维度数据，规划者能够实时监测植被覆盖、土壤质量、水体状况等关键指标。这种全面的监测能力使规划者能够更准确地了解生态系统的状况，及时发现并应对潜在的问题。其次，大数据为物种迁徙和分布研究提供了丰富的数据基础。利用 GPS 追踪、遥感等技术手段，规划者能够获取大规模的物种迁徙数据，并深入了解物种的迁徙路径和分布情况，这有助于制定保护措施，维护生态系统的完整性。土壤质量和水质监测是大数据在土地生态系统保护中的又一重要应用。大数据技术使规划者能够实时监测土壤中的营养成分、重金属含量及水体的质量状况。这种监测能力为科学的土地管理提供了数据支持，确保土地生态系统的健康稳定。在火灾风险评估和预警方面，大数据为规划者提供了历史火灾数据、气象条件等信息。通过实时监测植被状况、干旱指数等数据，结合大数据算法，规划者能够提前预警可能发生的火灾，及时采取措施保护生态系统，防范灾害发生。

此外，大数据对土地利用变化和草地覆盖的监测也发挥着关键作用。利用 RS 技术和卫星图像，规划者能够获取土地利用变化的大数据，并运用时间序列分析揭示草地覆盖的演变趋势。这为保护草地生态系统、合理利用土地资源提供了科学依据。大数据在土地生态系统监测和保护中的应用为规划者提供了更深入、全面了解土地生态状况的手段。这为科学的土地管理和生态保护提供了强有力的支持，也有助于实现土地的可持续利用，保护生态环境，促进人与自然和谐共生。

一、生态系统健康监测

(一)生态系统健康监测，大数据助力土地生态多维度实时监测

生态系统的健康状况是维护自然平衡和可持续发展的关键因素之一。在这一背景下，大数据技术通过全面、实时的监测手段，为土地生物多样性、植被覆盖、土壤质量等生态指标提供了关键性的支持。

大数据技术的首要任务是整合多样化的数据源，包括遥感数据、生态传感器信息、土壤采样数据等。这些数据源提供了不同层面和时空尺度的生态信息，为全面监测奠定了基础。大数据技术能够实现对土地生物多样性的全方位监测。借助生态传感器和监测站点，可以收集动植物分布、迁徙等基础数据。这些数据通过大数据分析揭示出生态系统中不同物种的丰富度、种群分布等关键信息，有助于科学评估生态系统的多样性。植被覆盖率是生态系统的重要衡量指标之一，大数据技术通过高分辨率的遥感图像能够实现对植被覆盖的实时监测，能追踪城市绿化、农田植被等局部区域，为精准的生态评估提供数据支持。土壤质量对于生态系统的健康至关重要。大数据技术通过土壤传感器、采样等手段，实时监测土壤的养分含量、酸碱度等多维度指标。这种多角度的监测有助于了解土地的适宜性，为农业、生态恢复等提供科学依据。

在大数据的支持下，生态系统健康监测迈向了全新的阶段，实现了从静态到动态、从局部到全球的全面监测。这为科学的土地管理、生态保护政策的制定提供了更为准确和及时的数据支持，有助于实现土地生态系统的可持续发展。

(二)遥感与生态传感器数据分析，实现生态系统健康评估

在当今科技发展的背景下，遥感数据和生态传感器数据的综合应用为生态系统健康监测提供了更全面和深入的视角。通过对这些数据的精密分析，能够实现对生态系统健康状况的全面评估，及时发现并解决潜在的异常情况。

RS 技术通过从卫星、飞机等平台获取的多光谱、高分辨率图像，为生态系统监测提供了重要的数据来源。这些数据包含土地覆盖、植被状况等关键信息，通过先进的遥感图像处理算法，能够获得生态系统的多层次数据，包括植被指数、地表温度等，从而全面反映生态系统的特征。生态传感器部署在多个监测点上，能够实现对特定地点生态环境参数的实时监测。例如，通过传感器监测温度、湿度、光照等信息，能够获取生态系统微观变化的数据。这些传感器网络覆盖面广，形成了一个实时监测的生态感知网络，能够为生态健康评估提供细致入微的数据支持。将遥感数据和

生态传感器数据进行融合，是实现全面评估的关键一步。先进的数据融合技术能够整合不同数据源，弥补各自数据的局限性，以此形成更为综合、立体的生态信息，这为更准确、全面的评估奠定了基础。基于融合后的数据，利用大数据分析，能够建立生态系统健康的预警模型。监测指标的长期趋势和阈值，及时识别生态系统中的异常情况，能够使规划者提前采取措施，避免潜在的生态问题进一步恶化。

全面评估的结果为决策者提供了科学依据，使其能够及时响应监测到的异常情况，包括制定保护措施、调整生态管理政策等。在发现问题的早期采取行动，能够最大限度地减少对生态系统的不良影响，实现更好的生态保护。通过对遥感数据和生态传感器数据的有机整合，决策者不仅可以更全面地了解生态系统的健康状况，还能够在异常情况出现时快速作出反应，从而实现对生态系统更为有效的保护和管理。

二、物种迁徙和分布研究

（一）大数据追踪物种迁徙，洞察生态奥秘

随着科技的进步，大数据分析成为深入了解物种迁徙、活动范围及分布情况的强大工具。通过综合分析大规模的物种数据，能够洞察生态奥秘，了解动物的行为和生存状况。

大数据不仅能够记录物种的迁徙路径，还能够提供关于迁徙行为的细致数据。卫星追踪、GPS 等技术手段能够在全球范围内实时监测物种的迁徙轨迹。这使决策者能够更全面地了解动物是如何选择迁徙路径的，以及受何种因素的影响。大数据分析通过整合来自多个数据源的信息，使决策者能够洞悉物种活动范围的多样性。不同种类的动物活动范围可能因季节、气候等多种因素而不同，大数据的多维度分析能够揭示物种活动范围的多样性，进一步了解其对环境的适应策略。大数据分析提供了以时空为维度的物种分布图谱。通过多年对多地的物种数据进行积累和分析，决策者能够绘制出物种在不同季节、不同地域的分布情况。这为科学家和生态学家提供了极其有价值的信息，能够助力他们更好地理解在某一生态系统

中物种的分布规律。

大数据分析不仅关注物种迁徙的轨迹，还能深入研究环境因素对迁徙的影响。通过整合气象、地理、生态等数据，决策者能够识别出影响物种迁徙的关键因素，包括温度、气压、地形等。这使决策者能够更好地预测未来的迁徙路径，了解物种对环境变化的响应。大数据分析为物种迁徙提供了科学依据，为生态保护提供了有力支持。通过深入了解物种的迁徙行为，决策者能够更有针对性地制定生态保护政策。另外，对濒危物种的迁徙路径和分布情况进行深入研究，有助于科学家和保护机构更好地制定保护措施，确保物种的生存和繁衍。

（二）大规模物种数据，助力生态系统合理管理

获取大规模的物种数据是现代生态学研究的重要前提，通过 GPS 追踪、遥感等技术手段，决策者能够获取全球范围内丰富而复杂的生物信息，为生态系统的合理管理提供有力的依据。

通过 GPS 追踪，决策者能够获取物种在自然环境中的详细行为数据。无论是动物的迁徙路线还是植物的生长状况，GPS 追踪都进行了实时而精准的记录。这使规划者能够更深入地了解物种的生态习性，为其合理管理生态系统提供了重要的数据基础。RS 技术通过从卫星、飞机等平台获取的图像数据描绘了整个生态系统的格局，包括土地覆盖、植被分布、地形特征等多方面的信息。通过对这些遥感图像的分析，决策者能够获得生态系统的结构信息，为科学合理的生态管理提供基础。将 GPS 追踪数据和遥感图像等多源数据进行整合，能够构建起全景的生态系统视图。这种全景视图不仅能够展现物种个体的行为轨迹，还能显示它们在整个生态系统中的相互关系和相互影响程度。通过这一综合视图，决策者可以更全面地把握生态系统的动态变化。大规模的物种数据为生态系统健康评估提供了科学依据。通过对物种的数量、分布、活动范围等数据进行分析，决策者能够量化生态系统的状态。这为制定科学合理的生态保护政策、管理措施提供了实际支持，使决策更加客观和可持续。

基于大规模的物种数据，决策者能够制定更精准的生态系统管理策略，包括保护濒危物种、调整生态平衡、预防生态系统崩溃等。科学的数

据支持，决策者能够更好地平衡人类活动与生态系统的关系，实现可持续的自然资源利用。GPS 追踪、遥感等技术手段获取的大规模物种数据的综合利用，为生态系统的科学管理提供了前所未有的机遇。大规模物种数据为决策者提供了深入了解自然界运行规律的机会，也为生态保护和可持续发展提供了坚实的科学基础。

三、土壤质量和水质监测

(一)大数据监测土壤质量，揭示土壤生态健康的新视角

随着科技的不断发展，大数据技术在农业和环境科学中的应用越发广泛，尤其是在监测土壤质量方面，为揭示土壤生态健康提供了全新的视角。大数据技术能够高效、准确地监测土壤的营养成分、重金属含量等重要指标，为科学的土壤管理提供了实质支持。

大数据技术通过传感器网络、遥感等技术手段，实现了对土壤特性的大规模数据采集，包括土壤 pH 值及有机质、氮、磷、钾等含量，以及铅、镉等重金属元素的含量。这种全面而高密度的数据采集为规划者提供了更全面了解土壤特性的可能性。大数据技术的实时监测能力使规划者可以随时获取土壤状况的更新数据，这为迅速响应土壤质量变化提供了可能性。当土壤中某些指标超出安全范围时，系统能够及时发出警报，有助于农民和决策者采取适当的土壤修复和管理措施。大数据技术通过整合来自不同源头的数据，形成了土壤健康的综合评估，包括 GIS 数据、气象数据等多方面信息。通过综合分析这些数据，规划者能够更全面地了解土壤质量的时空变化规律，为科学合理的土壤管理提供决策支持。

大数据技术不仅可以提供当前土壤状况的详细数据，还能够基于这些数据构建预测模型，揭示土壤质量的变化趋势。通过深度学习和机器学习等技术，规划者能够预测未来土壤可能面临的问题，从而提前采取相应的管理和修复措施。基于大数据技术的土壤监测为精准农业提供了强有力的支持，农民可以根据实时的土壤数据调整施肥、灌溉量等农业管理措施，在实现农业生产最大效益的同时，减少对环境的不良影响。大数据技术不仅能够实现对

土壤质量的全面监测，还能够在实时性和精准性上取得质的提升。

（二）水体质量监测，科技助力水污染治理

传感器、遥感卫星等现代科技手段的广泛应用，为水体质量监测提供了强大的工具。通过分析水质数据，规划者能够及时发现并应对土地生态系统中的水污染问题，为水资源的合理管理和对生态系统的健康维护提供关键支持。

传感器技术通过安装在水体中的传感器，实时监测水体的各项参数，包括水温、pH 值、溶解氧含量、浊度等关键指标。传感器不仅能够提供高频率、高精度的数据，还能够通过远程传输这些数据，实现对水体的全面监测。遥感卫星通过高空拍摄，能够获取水体的空间分布图像，包括湖泊、河流、水库等不同类型水体。通过分析这些图像，大数据可以追踪水体的变化，识别异常情况，及时发现潜在的水污染源，为环境保护和水资源管理提供可靠的信息。通过对水质数据的深入分析，大数据能够识别潜在的水污染源，包括农业排放、工业废水、城市污水等。通过追踪水质数据的变化，规划者可以定位污染源并及时采取具有针对性的治理措施，防止污染进一步扩散。

水体质量监测技术能够提供预警系统，预测水体污染的发生概率。一旦监测数据显示水质出现异常，系统将发出警报，促使相关部门迅速采取紧急响应措施，保障水体质量不会受到严重影响。整合传感器、遥感卫星等多源空间数据，形成全面的水体质量监测体系，不仅有助于更全面地理解水体污染的影响范围，还能为水资源管理政策的制定提供科学依据。这种数据整合有助于实现跨地区、跨领域的水资源管理，增强生态系统的整体稳定性。综合利用传感器、遥感卫星等技术进行水体质量监测，可以为土地生态系统中的水污染问题提供全面的解决方案。这种科技手段的应用不仅能够实现实时监测，还有助于提前预警和紧急响应，有效维护水体质量，保障生态环境的健康。

四、草地覆盖和土地利用变化

（一）利用遥感技术和卫星图像，获取土地利用变化的大数据

RS 技术和卫星图像的广泛应用提供了获取土地利用变化大数据的有效

途径。通过分析这些数据，规划者能够深入了解草地覆盖的状况及土地利用变化的趋势，制定科学的土地管理措施。

RS 技术可以通过卫星图像描绘草地覆盖的空间分布情况，包括自然生长的草地、人工种植的牧草地等。图像分析可以帮助规划者了解草地的面积、形态、覆盖程度等方面的信息，为草地资源的科学管理提供依据。卫星图像不仅能够描绘当前的土地覆盖情况，还能够通过对比不同时间的图像反映土地利用的变化情况。时间序列的卫星图像能够帮助规划者观察到草地覆盖的动态变化，发现植被状况、土地利用类型的变更，为土地利用变化的监测提供强有力的工具。通过大数据分析 RS 技术获取的大规模数据可以揭示土地利用的变化趋势，包括草地的扩张或收缩、不同地区间土地利用变化的差异等。这种数据驱动的分析有助于制定合理的土地利用政策，实现生态系统与人类活动的协调发展。

基于遥感数据可以构建空间模型，模拟和预测草地覆盖的变化。这种模型可以考虑地形、气候、土地管理等多种因素，为决策者提供不同土地利用决策的可能结果，使其更好地了解不同决策对草地覆盖的潜在影响。对于草地覆盖的保护和恢复，这些数据可以指导相关决策，推动可持续土地管理。科学的土地保护政策有助于维护生态平衡，保护草地的生态功能。通过 RS 技术和卫星图像获取的大数据能够帮助规划者更全面地了解草地覆盖和土地利用变化的情况，这为制定科学的土地管理政策，保护生态系统提供了有力的支持。

(二)通过时间序列分析，揭示草地覆盖的演变趋势

时间序列分析是一种有效的手段，通过对多时期的数据进行比较，揭示了草地覆盖的演变趋势。这种分析为保护草地生态系统提供了科学依据，使决策者能够更好地了解变化趋势，制定了相应的保护策略。

通过时间序列分析，规划者能够回顾草地覆盖的演变历程，包括过去几十年或更长时间内的数据，揭示草地在不同时期的面积、分布等状况。这种历史回顾加强了规划者对草地演变过程的深刻理解，为未来的规划提供了经验教训。时间序列分析可以揭示草地覆盖的季节性和年际变化。通过对每年、每个季节的数据进行比较，规划者能够总结草地在不同季节和

年份的变化趋势。这有助于识别季节性影响和长期趋势，为合理的管理提供数据支持。时间序列分析可以帮助规划者区分自然因素和人为活动对草地覆盖的影响。通过观察草地覆盖与气象条件、降水量等自然因素的关系，以及其与农业扩张、城市化等人类活动的关系，规划者能够更准确地评估草地覆盖变化的原因。

基于历史数据可以建立预测模型，揭示草地覆盖未来的演变趋势。该模型对可能发生的问题可以作到提前预警，为保护草地生态系统制定相应的应对策略，减缓或避免不利的演变趋势。时间序列分析的结果为制定可持续的草地保护策略提供了依据。通过深入了解草地覆盖的演变趋势，规划者能够明确保护目标，制定符合实际情况的管理措施，从而实现对草地生态系统的可持续保护。时间序列分析不仅能够深入了解草地覆盖的历史变化情况，还能够预测未来趋势，为保护草地生态系统提供科学依据。这种数据驱动的方法有助于决策者制定更加有效的管理策略，实现草地生态系统的可持续保护。

五、气候变化对生态系统的影响

(一)运用大数据评估气候变化对土地生态系统的潜在影响

气候变化对土地生态系统的影响日益凸显，大数据成为评估这一影响的有力工具。通过对气象数据、温室气体排放等信息的深度分析，大数据能够全面评估气候变化对土地生态系统的潜在影响，为制定有效的适应和缓解措施提供科学依据。

通过大数据分析气象数据，可以揭示气候的长期趋势，包括温度、降水、风速等气象要素的变化情况。通过观察这些数据，规划者能够识别出气候变化对土地生态系统可能产生的影响，如气温升高、降水模式变化等。大数据分析可用于评估温室气体排放对气候的影响。通过分析全球温室气体排放数据，规划者能够了解这些气体排放对温室效应的贡献程度，有助于量化人为活动对气候变化的贡献，为减缓温室效应提供科学依据。

基于大数据分析的结果，可以构建生态模型，预测气候变化对土地生态系统中生物多样性的潜在影响。综合考虑气温升高、降水模式改变等因素，模型能够帮助规划者理解植物、动物的适应、迁徙情况，为保护生物多样性提供科学依据。气候变化对土地生态系统的水循环和土壤质量也有着显著影响。通过大数据分析土壤湿度、水文等数据，规划者能够评估降水模式变化对土壤水分的影响，进而了解植被生长和土地利用的可能变化，制定更加有效的气候适应和缓解策略，包括改善土地管理实践、推动可持续农业、增强生态系统的抗逆性等。科学的策略有助于减少气候变化对土地生态系统的不利影响，实现生态平衡。

(二)借助模型模拟和数据挖掘，预测未来气候变化对生态系统的潜在影响

模型模拟和数据挖掘技术能够预测未来气候变化对生态系统结构和功能的影响。通过深入分析大量的气象、生物多样性和土地利用数据，规划者可以制定相应的保护策略，以应对可能出现的变化。现代科学模型可以模拟未来气候变化对生态系统结构的潜在影响，包括植被分布、动物迁徙模式、生物多样性等方面。对这些因素进行模拟能够预测生态系统可能出现的结构性调整，为保护生态系统提供科学的决策支持。通过对历史数据的挖掘，规划者可以了解过去气候变化对生态系统功能的影响，这为预测未来提供了重要的线索。数据挖掘技术可以帮助规划者发现生态系统中关键的功能性变化，如水循环、物质循环等，为未来的保护策略提供有针对性的建议。

建立综合考虑多变量因素的模型是数据挖掘和模型模拟的关键。气候变化涉及生态系统的相互作用，包括温度、降水、土壤质地等多方面因素。综合性模型能够更准确地预测未来可能出现的生态系统响应，为制定全面的保护策略提供依据。模型模拟和数据挖掘可以帮助确定生态系统的脆弱性和抗逆性。通过分析过去的气候事件和生态系统的响应，规划者能够识别出哪些生态系统更容易受气候变化的影响，哪些具有更好的抗逆性。这有助于有针对性地制定保护策略，提高生态系统的适应能力。基于模型模拟和数据挖掘的结果，规划者可以制定有针对性的保护策略，包括设立生态保护区、推动生态修复工程、调整土地利用政策等。通过预测未来可能出现的生态系统变化，规划者能够更早地采取行动，以此来实现对

生态系统的有效保护。

六、生态修复效果监测

(一)利用大数据对生态修复工程的实施效果进行监测

生态修复工程的实施效果监测至关重要,大数据技术为这一过程提供了强大的支持。通过对生态修复工程中产生的大量数据进行深度分析,规划者能够全面评估生态修复效果,确保项目已达到环境恢复和生态功能提升的预期目标。

大数据监测生态修复效果的首要步骤是数据采集。各种传感器、RS 技术、GIS 等技术产生的多源数据都需要被收集并整合,以形成全面的生态修复数据集,包括植被覆盖、土壤质量、水质等方面的数据。通过大数据分析,规划者可以实时监测各种生态指标的变化,比如,植被指数、水体透明度、土壤湿度等生态指标可以被用来评估修复区域的生态状况。大数据可揭示这些指标在时间和空间上的变化趋势,为效果评估提供科学依据。大数据技术有助于追踪生物多样性的变化。对监测点周围各类物种的分布和数量进行分析,能够了解生态修复工程对当地生物多样性的影响。这有助于评估修复项目是否成功地重建了当地生态系统的原有多样性。

大数据的空间分析能力为生态修复效果监测提供了更深层次的视角。通过构建空间模型,能够了解到不同地点之间的生态差异,预测生态修复效果在整个区域的分布情况。这种空间分析有助于确定修复工程的局部成效和全局效果。大数据监测系统能够提供实时反馈信息,使决策者能够随时调整修复策略。通过即时了解生态修复效果,决策者能够采取有针对性的措施,优化项目实施,确保最终实现生态修复的预期目标。

(二)生态修复过程中的数据分析,助力土地生态系统的恢复与改善

生态修复项目的成功与否直接关系到土地生态系统的恢复和改善效果。通过深入分析各项指标数据,决策者能够评估修复项目的实际效果,为未来的生态工程提供经验教训和科学指导。生态修复的重要指标之一是

植被覆盖率。通过大数据技术分析植被指数、植被类型等数据，决策者能够量化修复区域的植被覆盖情况。这有助于评估植被的生长状况，判断生态系统的稳定性和生态功能的逐步恢复情况。土壤质量是影响生态系统健康的关键因素。通过分析土壤质量的数据，包括土壤含水量及有机质、氮、磷、钾等含量，决策者可以评估修复区域土壤的肥力和适宜植物生长的能力，这为生态系统的长期稳定奠定了基础。

对修复区域水体质量的监测是生态修复的重要环节。通过大数据分析水质监测数据，决策者能够评估水体的透明度、pH 值、溶解氧等指标，判断水域生态系统的健康状况。生态修复的目标之一是提高生物多样性。通过大数据分析监测点周围的生物多样性数据，包括植物和动物的种类和数量，决策者能够评估修复项目对当地生态多样性的影响。这有助于判断修复项目是否成功地促进了生态系统中各类生物的恢复。通过对植被覆盖、土壤质量、水质、生物多样性等各项指标数据的深入分析，决策者能够全面评估生态修复项目的实际效果。这为未来的生态工程提供了经验教训和科学依据，确保生态系统的恢复和改善效果能够实现最大化。

七、制定生态保护政策的科学依据

（一）大数据助力生态保护政策制定，多维度数据分析为科学决策提供支持

制定科学合理的生态保护政策需要深入了解土地利用、生物多样性、气候等多维度数据。大数据分析成为政策制定不可或缺的工具，其能够为保护生态系统提供科学依据。大数据技术能够收集并分析大范围的土地利用数据，包括城市扩张、农业用地、自然保护区等。通过对土地利用变化趋势和模式的分析，政府可以制定更具前瞻性的土地管理政策，平衡城市发展和生态保护的需求。生态系统的健康稳定与生物多样性密切相关。大数据分析可提供关于植物、动物的分布和数量信息。通过监测生物多样性数据的变化，政府可以及时调整保护区划和生态修复计划，确保生物多样性的稳定。

气候变化对生态系统有深远的影响。大数据分析可以解读气象数据，

识别气候变化的趋势，为政府提供科学依据，制定适应性强的生态保护政策，包括水资源管理、防灾减灾等方面的政策。利用大数据的空间分析能力，政府可以更好地规划和管理生态保护区。空间分析可以帮助确定最佳的保护区位置，评估不同区域的生态系统脆弱性，从而优化资源配量，提高生态系统的保护效益。大数据不仅包括自然环境数据，还包括社会经济数据。通过对人口增长、经济发展等因素的综合分析，政府能够更全面地了解人类活动对生态系统的影响，从而制定更具可持续性的生态保护政策。通过分析土地利用、生物多样性、气候等多维度数据，政府可以更准确、科学地制定生态保护政策。这种基于数据的政策能够更好地平衡社会经济发展和生态环境保护的关系，为可持续发展提供科学支持。

（二）大数据技术实现生态系统管理的精细化和个性化

随着大数据技术的发展，生态系统管理迎来了全新的时代，数据的精细化和个性化应用，实现了更好平衡经济发展和生态环境保护的目标。大数据技术为生态系统提供了高分辨率的监测手段。通过遥感卫星、传感器等设备获取的海量数据，可以实现对生态系统的实时监测。这种数据驱动的监测方式使决策者能够更全面、深入地了解各个生态指标的状态，为管理提供了精准的信息基础。大数据为精准治理提供了支持。政府可以通过分析大数据，对不同地区的生态问题实施差异化的治理策略。例如，对于水质问题，可以根据实时监测的数据进行精准调控，以最小代价实现最大效益，更好地平衡生态保护与资源利用之间的关系。

大数据技术为制定个性化的生态修复方案提供了可能。通过深入分析土地利用、植被覆盖等数据，决策者可以针对不同地区的生态问题提出有针对性的修复方案。这样的个性化管理不仅能够提高修复的效果，还能够最大限度地减少对当地社会经济的冲击。大数据可以帮助预测生态系统面临的风险，包括气候变化、自然灾害等。通过建立预测模型，政府可以提前采取措施，降低生态系统受损的可能性。这种预测性管理为更好地平衡经济发展和生态环境保护提供了更加灵活和主动的手段。借助大数据技术，政府能够更好地与公众互动。通过在线平台收集公众意见，实现公众参与生态管理的透明化。公众参与不仅提高了决策的民主性，还为政府提供了更全面的信息，这有助于制定更符合社会期望的生态政策。

综合而言，基于大数据技术的生态系统管理实现了精细化和个性化，更好地平衡了经济发展和生态环境保护的关系。这为可持续发展提供了科学、智能的管理手段，为未来的生态保护和经济繁荣创造了更加可持续的路径。

第二节　土地整治与生态修复监测监管系统设计

近年来，人类活动与环境的问题日益凸显，土地整治与生态修复成为保护自然资源和促进可持续发展的重要手段。面对严峻的自然资源保护和利用问题，要实现各类土地整治与生态修复项目的全生命周期管理和监管，需结合遥感、GIS、大数据等现代信息技术，探索基于智慧自然资源的土地整治与生态修复监测监管系统的设计方法和关键技术。

一、土地整治与生态修复监测监管系统建设思路

为了实现土地整治与生态修复目标，需要围绕"山、水、林、田、湖、草、沙"等自然资源的保护与修复，建立全生命周期管理的省级国土空间生态修复项目监测监管系统，实现系统统筹、分类设立、分级管理、精准落地、实时监测、建后评价和持续监管。

根据不同类型的土地整治与生态修复项目，建立完善的项目分类与管理体系。实行省、市、县、乡级分级管理项目，确保项目的规范实施和监管。形成项目立项、设计、实施、验收、评价、管护和后期的生态保护补偿、产品利用、补偿评价等全生命周期管理机制。确保项目每个环节都得到有效的监测和监管，并对项目的整体效果进行评估和监测。利用先进的遥感、无人机监测等技术手段，通过外业巡查 App 现场采集数据，实现生态修复项目的实时监测和数据采集。结合人工智能、大数据分析和机器学习等技术，开发监测和评估模型，提高监管效率和预警准确性。建立预警机制，及时发现问题和风险，并采取相应的调整和修复措施。根据国家智

慧自然资源建设方案，建立统一的省级数据管理平台，确保数据的准确性和完整性。加强数据共享与交流，促进部门之间的协同配合和信息共享，提高决策的科学性和精准性。

二、土地整治与生态修复监测监管系统的总体设计

(一)土地整治与生态修复监测监管系统总体架构

省级土地整治与生态修复监测监管系统是一个集多学科知识于一体的综合性平台，通过现代信息技术、地理信息技术等手段，实现了对土地整治和生态修复项目的实时监测、数据分析、预警及可视化展示。该系统不仅提高了项目监管效率，降低了项目风险，还促进了土地资源的合理利用和生态环境的良性循环，对经济社会的可持续发展具有重要意义。未来，随着技术的不断进步，该系统将进一步智能化、自动化，加强与其他系统的集成与数据共享，为土地整治与生态修复工作提供更加精准、高效的监测监管服务。本部分以"一图驱动、五点支撑、四域协同"为总体框架，采用微服务架构进行分层设计，分为基础层、数据层、平台层、应用层和用户层，将标准规范体系、安全保障体系及运维保障体系贯穿其中，助力省、市、县、乡级自然资源部门统一行使国土空间生态保护修复职责。

1. 基础层

依托数字政府的计算资源、存储资源、网络资源、安全资源和感知资源，加强网络安全及运维保障管理，推进信息互联互通，提供基础设施支撑。

2. 数据层

严格遵循智慧自然资源统一的标准规范，建设土地整治与生态修复业务库，按照自然资源实体数据模型进行数据建库，无缝衔接全域全要素自然资源三维时空数据库，实现数据入库汇聚和实时调用，建设必要的工作库数据管理工具。

3. 平台层

依托智慧自然资源监管平台提供的调查监测、审批监管、预警预测、智能赋能四大功能，融合数字政府公共支撑能力，为土地整治和生态修复

监测监管项目提供公共支撑能力。

4. 应用层

按照智慧自然资源总体方案四个业务领域的要求，建设生态修复规划管理、生态修复监测监管、生态修复管护保护、生态修复补偿、生态修复综合决策等保护修复应用。

5. 用户层

用户包括省、市、县、乡级自然资源部门四类用户。

6. 安全保障

按照智慧自然资源总体架构保障体系要求，结合系统运行需求，完善标准规范体系、安全保障体系和运维保障体系，保障土地整治和生态修复监测与监管应用的高效运行。

（二）土地整治与生态修复监测监管系统业务架构

该系统围绕生态修复的业务逻辑，构建规划管理、项目监管、管护保护、保护补偿四大模块。在各级生态修复规划和重要生态系统保护及修复重大工程总体规划的管控下，形成项目备选库，全流程监管生态修复项目的立项、实施、验收；完成修复后的后期管护、修复评价、风险预警；为生态修复项目价值核算、产品利用、实施评估提供信息化支撑。该系统业务架构如图6-1所示。

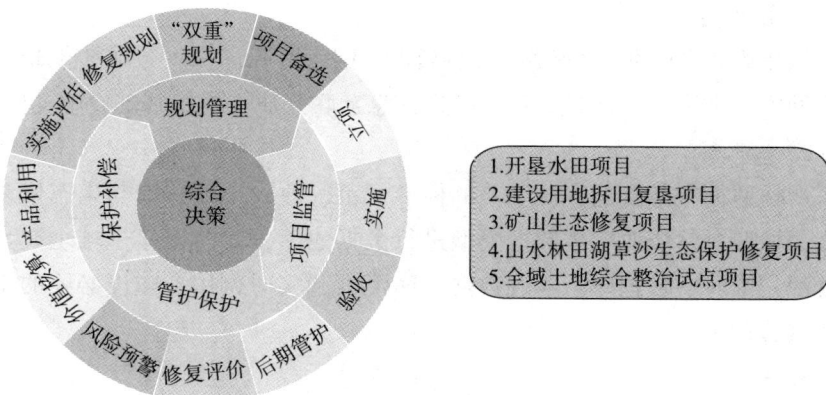

1.开垦水田项目
2.建设用地拆旧复垦项目
3.矿山生态修复项目
4.山水林田湖草沙生态保护修复项目
5.全域土地综合整治试点项目

图6-1 土地整治与生态修复监测监管系统业务架构

（三）土地整治与生态修复监测监管系统业务协同模式

土地整治与生态修复监测监管系统在智慧自然资源内部与一体化数据库、政务管理与服务平台、业务管理与决策支持系统、测绘院在线巡查系统等实现数据归集、服务调用、巡查任务推送等协同服务。向全国耕地占补平衡动态监管系统推送开垦水田立项和新增耕地核定信息，获取项目备案号；为市、县提供标准化服务接口，数据获取与上报、项目备案与监管信息同步推送至省级系统；通过省级政务大数据中心，实现与农业农村、生态环境、交通运输、水利等部门数据的交互及跨部门协同。

（四）土地整治与生态修复监测监管系统关键技术

1. 多元数据融合与集成技术

以创新数据模式驱动系统建设为出发点，按照自然资源全域全要素三维时空数据库建设要求，共享接入各类自然资源现状、规划、用途管控等数据资源，形成土地整治与生态修复一张底图。利用遥感及视频数据实时在线远程快速传输网络技术，实现多元数据在多终端的传输、共享、监测。通过融合遥感传输、数据融合与集成算法、云计算等先进技术，促进土地整治与生态修复项目的全面、精准、高效监测监管。

2. 人工智能影像信息提取技术

根据土地整治与生态修复项目涉及的超面积建设、植被覆盖度、耕地"非农化""非粮化"等事中、事后监测需求，本部分研究不同类型监测样本数据集构建技术，构建海量土地整治与生态修复项目综合解译样本库，研发设计遥感影像地类变化和特征地物要素自动提取的深度学习网络模型，对聚类的样本库开展模型训练，以形成满足精度要求的算法模型。接入汇集的多源、多时相遥感数据，依托算法模型和多维数据的并行处理技术，实现快速、高效、精确、智能的变化范围动监测与实施效果评估。

3. 云计算与大数据处理技术

云计算技术可提供弹性、可扩展的计算资源，降低系统部署和运维成本。大数据技术处理海量监测数据，进行数据清洗、整合和分析。分析结果可揭示土地利用变化、植被生长状况、水体变化等信息，为决策提供科学支持。大数据技术还可建立预测模型，预测土地变化和生态修复效果。云计算与大数据技术能够高效进行土地监测、数据分析和决策，实现可持续发展和生态环境保护。这些技术的应用提高了监测能力和数据处理效率，为土地整治与生态修复监测监管提供了更全面、准确的信息。

三、土地整治与生态修复监测监管系统主要功能实现

结合土地整治与生态修复工作实际需要，通过数据接入、整合、治理等方式，建立包含基础现状、规划管控、项目管理和监测监管四大方面的土地整治与生态修复三维立体"一张图"，为土地整治与生态修复项目管理监管、效果评估等工作提供统一的数据底板，如图6-2所示。基于土地整治与生态修复"一张图"建设，提供资源浏览、专题图制作、对比分析、合规性分析、坡度分析、土方量分析、淹没区分析查询统计等功能，建立生态修复专题统计分析模型，支撑各类土地整治与生态修复专题统计分析。

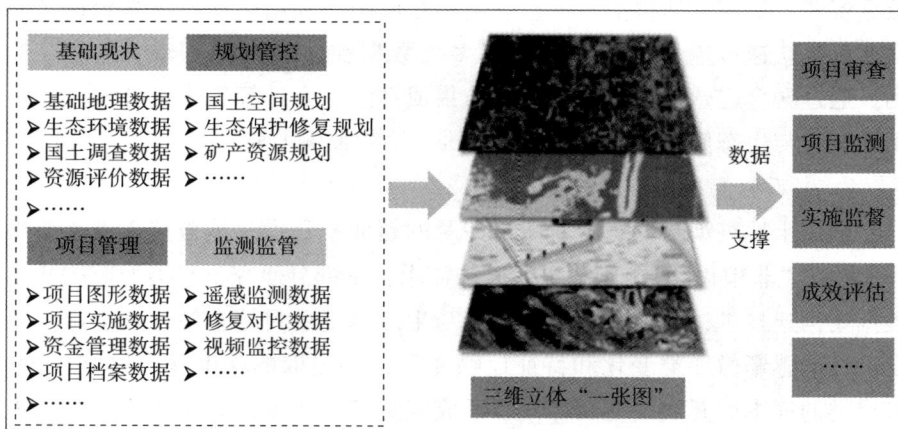

图6-2 土地整治与生态修复三维立体"一张图"

规划成果管理融合生态修复规划成果与审查过程，动态建立各个审查阶段的规划成果"一棵树"，直观掌握各个行政区的生态修复规划成果，辅助项目审批及年度项目库建立。通过生态修复规划成果管理模块，既可以查看规划分布与规划指标的详细情况，又可以查看每个生态修复项目的成

果图纸、审查报告、修改意见、成果批复等信息。

项目备案管理重点体现项目立项，规划设计、实施、验收、后期管理等阶段的数字化备案与监管。该系统为县级用户提供各阶段信息备案、资料快速上传的功能，通过业务信息检查模型实现报备信息完整性和规范性检查；提供空间数据分析和数据查验功能，支持查看检查详情，提供省、市、县级审核功能，自动生成项目办理意见和流转日志。

该系统能够实时更新生态修复项目立项、设计、实施、竣工、验收、后期管护等阶段的信息，追踪项目进程，对项目数据变化、资金投入、实施进度、指标完成情况进行监测。对接广东省自然资源综合感知服务系统等系统，接入卫星遥感监测、无人机航摄、高点视频监控、信息传感器感知等数据。通过多年遥感影像对比、全景照片巡查、实地照片查看、高空铁塔监控等立体化监测手段，用户全方位掌握项目全生命周期实施情况，及时发现问题并及早处置。

土地整治与生态修复监测监管系统的应用与实践虽已取得了一定的成效，但仍依赖大量的人员参与，缺乏精准有效的预警和评估模型。为减少对人工填报数据的依赖，后续工作应加强自动化数据采集技术的应用。通过多源数据融合与集成技术、人工智能和影像信息提取技术等手段，实现土地整治与生态修复项目的自动化数据采集和报送。建立数据质量监控机制，自动检测和修正数据错误，确保数据的准确性和一致性。与相关科研机构、高等院校和企业开展相关研究，基于大数据分析和算法建模开发与优化预警和评估模型，提高监测预警的准确性和效率。

第三节　环境变化对土地利用的影响

环境变化对土地利用具有广泛而深刻的影响，涉及气候、生态系统、城市规划等多方面。气温上升和极端天气事件频发，对农业和生态系统产生了深刻的影响。干旱、洪涝、风暴等极端气象事件导致农田、生态系统遭受破坏，土地资源的可持续利用面临严重威胁。大数据技术在这方面发挥了关键作用，对气象、土壤、植被等多维数据的实时监测，为决策者提供了科学依据，以应对日益复杂的气候环境。土地生态系统的变化直接关系到生物多样性、植被覆盖等关键指标。大数据的分析能力使生态平衡监测更加准确和实时，有助于及早发现并应对生态系统的紊乱情况。通过对遥感数据和生态传感器信息的整合分析，决策者能够更好地理解生态系统对气候变化的响应，从而采取有针对性的保护措施，促进土地生态系统的健康发展。在城市规划方面，海平面上升、极端降雨等事件引发的问题已成为城市土地规划的重要考虑因素。城市扩张与气候变化的交互影响，使城市土地面临更大的防洪、排水压力。大数据在城市规划中的应用，尤其是对海岸线变化和洪水风险的实时监测，为城市规划者提供了及时的决策支持。资源利用与可持续发展之间的平衡在环境变化中显得尤为重要。大数据能够帮助更好地理解水资源、土壤质量等自然资源的变化趋势，从而指导农业、工业和城市用水的合理利用。可再生能源的合理布局需要对大量气象、地形等数据进行深入分析，从而更有效地利用可再生能源，推动绿色能源发展。

一、气候变化与土地利用

运用大数据分析气候变化对土地温度和降水模式的影响，并以此探讨这些变化如何影响农业、林业和城市化等领域的土地利用。

随着气候变化，全球气温普遍上升，这对土地利用产生了深远的影响。农业面临温度不断升高带来的挑战。一些传统的农作物种植区可能因为气温过高而不再适宜，但新的适宜区域可能会出现。大数据可通过监测气象数据，预测未来的气温变化，帮助农业规划者调整作物品种、种植时机。气候变化还引起了降水模式的变化，表现为降水量、降水频率和降水强度的波动，这对农业和生态系统的水资源管理提出了新的挑战。农业需要调整灌溉策略，以适应不规律的降水模式，避免因干旱或洪水造成的损失。大数据技术通过对多地区、多年份降水数据的深入分析，揭示了降水模式的潜在趋势，为水资源管理和农业规划提供了科学依据。

气候变化对林业的影响同样显著。升高的温度和变化的降水模式可能导致树种适应性发生变化，对林木生长周期、分布范围等提出了新的要求。通过大数据对全球森林生态系统进行监测，决策者能够更好地理解不同树种对气候变化的响应，从而制定可持续的林业管理策略。城市化是气候变化背景下影响土地利用的另一关键因素。城市热岛效应使城市区域的温度要明显高于周围农村地区。大数据可以揭示城市热岛效应的时空变化，为城市规划者提供指导，减缓热岛效应对城市土地利用和居民生活的不利影响。综合分析气候变化对温度和降水模式的影响，为城市规划提供了重要启示。规划者需要考虑未来气候条件下的城市基础设施设计、水资源管理和绿化规划，以确保城市在面对气候变化时保持韧性和可持续性。大数据技术将成为未来城市规划中不可或缺的工具，其将为规划者提供全面、实时的气象数据，助力构建更适应未来气候的城市。

二、土地生态系统的变化

（一）生态平衡与破坏

环境变化对土地生态系统的首要影响之一是植被覆盖发生动态变化，气候变暖、降水不均等因素都会直接影响植被的分布和生长状况。大数据通过对遥感数据的处理，能够实时监测植被的覆盖情况，揭示植被变化的趋势。植被破坏可能导致水土流失、生态系统失衡等问题，这对土地的可持续利用提出了严峻挑战。环境变化也对土地的生物多样性造成了直接威胁。气候变化、人类活动等因素导致某些物种数量减少、分布范围缩小，甚至灭绝。大数据技术在全球范围内收集并分析生物多样性数据，能够监测物种的数量、分布和相互关系的变化，为保护濒危物种和生态平衡提供了科学依据。生态平衡遭受破坏可能导致整个生态系统恶化，包括土壤退化、水质污染等问题。环境变化引发的极端气候事件、过度的人类开发活动等因素可能导致土地质量下降，从而影响农业、生态旅游等产业。通过大数据监测土地的生态状况，能够及早发现潜在的土地退化迹象，从而采取合适的措施维护生态系统的健康。这些环境变化带来的植被覆盖减少、生物多样性减少、生态系统破坏等问题，对土地的可持续利用提出了巨大挑战。土地的长期过度利用和不合理开发可能导致土地质量下降、农田退化、水源枯竭等问题，严重影响社会经济的可持续发展。大数据的广泛应用可以为决策者提供全面的土地信息，帮助其制定更科学、可持续的土地管理策略。

为了应对生态平衡受到的威胁，决策者需要通过大数据技术，制定更加智能、科学的土地管理政策，包括建立生态保护区、实施可持续农业和林业管理、加强土地监测和评估等方面的措施。通过大数据的实时监测和预测，决策者可以更好地理解土地生态系统的动态变化，为保护生态平衡提供前瞻性的决策支持。

（二）土壤质量与土地退化

气候变化引起的极端气候、温度升高和降水不规律等现象对土壤质量产生了直接的影响。气候变暖可能导致土壤水分蒸发加剧，造成土壤干旱和板结化。降水不规律可能导致水土流失，使土壤质地变得更为粗糙。大数据分析可以通过监测气象数据、土壤湿度等信息，全面了解气候变化对土壤的实时影响，为农业和土地管理提供数据支持。气候变化对土壤的直接影响可能引发土地的退化。土壤质量下降可能导致土壤结构疏松、肥力降低，从而影响农作物的生长。大规模的土地质量下降可能导致土地逐步退化，甚至形成荒漠化现象。大数据技术通过对土壤样本、遥感数据的分析，可以追踪土地质量的动态变化，提前预警土地退化的风险。

土地退化直接威胁到农业生产的可持续性。气候变化引起的土壤质量下降，可能会导致农作物的产量和品质受到影响。大数据分析可通过监测不同地区的土壤质量、农业生产数据，为农民和农业决策者提供实时的土地健康状况，帮助其调整农业实践，减轻气候变化对农业的不利影响。土地退化不仅对农业产生了负面影响，还威胁了整个生态系统的平衡。退化的土地容易发生水土流失、生物多样性减少等问题，影响土地的自然生态功能。通过大数据对土地生态系统进行全面监测，能够更好地理解土地退化对生态系统的全面影响，有针对性地提出生态修复和保护建议。

为了应对气候变化对土壤质量和土地退化的威胁，可采取一系列可持续土地管理策略，包括推广合理的耕作方式、引入耐旱和耐盐碱的农作物品种、加强水资源管理、实施生态保护工程等。大数据技术的应用使这些策略的实施更加精准，有助于更好地保护土壤质量，减缓土地退化的趋势。

三、海平面上升与城市规划

(一)海岸线变化

随着气候变暖，全球海平面上升成为沿海城市面临的严峻挑战。海平面上升导致沿海地区土地沉降，这是因为冰川融化等因素对土地高程和稳定性产生了直接影响。大数据技术通过监测卫星高程数据、潮汐测量数据等信息，能够实时追踪土地沉降的趋势，为城市规划和土地利用提供重要的数据支持。海平面上升直接导致沿海城市面临土地淹没的风险升高。低洼地区、沿海城市更容易受海水的入侵，给居民生活、基础设施和经济活动造成了威胁。通过分析海平面上升对沿海城市的具体影响，可以为城市规划和防灾建设提供科学依据，缓减土地淹没风险带来的影响。海平面上升不仅影响城市的土地利用，还给城市周边的生态系统带来了冲击，沿海湿地、海滩等生态系统可能因为土地沉降和淹没而受损。大数据技术通过监测生态系统的动态变化，帮助规划者更好地了解海岸线变化对生态平衡的影响，制订相应的保护和修复计划。

面对海平面上升带来的土地利用挑战，城市规划需要考虑更为灵活的设计。通过城市模型和 GIS，规划者可以模拟不同海平面上升情景下的城市格局，制定更具韧性的城市规划策略，以适应未来的土地利用变化。要应对海平面上升带来的土地利用变化，城市需要制定可持续的发展策略，包括加强海岸线的防护工程、提高城市抗灾能力、规划适应性强的土地利用方式等。大数据技术通过对城市、海岸线和生态系统的多维度监测，为城市决策者提供全面、准确的信息，帮助决策者制定科学的可持续城市发展策略。

(二)城市防洪规划

随着气候变化，极端降雨和洪水事件的频率和强度逐渐增加，对城市土地规划和防洪设施提出了新的挑战。城市将面临更大的洪水风险，尤其是低洼地区和河岸地带。这些气候变化引起的极端天气事件给城市的土地规划提出了要求，制定了更加灵活、适应性强的防洪规划。城市防洪规划需要在应对挑战的同时抓住机遇。大数据技术的广泛应用使城市能够更准确地监测气象变化、实时获取降水数据，并进行智能化的洪水模拟。这为规划者提供了更全面、及时的信息，有助于其科学合理地应对气候变化带来的洪水挑战。

大数据在城市防洪规划中发挥着关键作用。通过对历史洪水事件和气象数据的深度分析，大数据可以揭示城市面临的具体洪水风险。同时，大数据还能够实时监测城市排水系统、河流水位等信息，提前发现潜在的洪水威胁。这为规划者提供了科学依据，使防洪规划更加精准和有效。大数据的应用并不会只停留在数据分析层面，还可以推动智能化防洪设施的发展。例如，智能感知装置和远程监控系统可以实时监测水位、雨量等数据，并及时调整防洪设施。这种智能化手段有助于提高城市的防洪响应速度和效果。大数据的可视化和公开透明的特性有助于增强社区参与和公众意识。将防洪数据以直观的方式呈现给公众，可以加强居民对洪水风险的认识，促使更多人参与到防洪规划和建设中。这种社区参与模式有助于形成全社会共同应对气候变化引发的洪水挑战的合力。

四、资源利用与可持续发展

(一)水资源管理

气候变化对水资源的影响体现在降水模式、水循环和水质方面。变化的气温和降水量会直接影响水资源的可用性和分布。一些地区可能面临干旱和水源减少，另一些地区可能会经历更频繁的极端降雨事件，严重时可导致洪涝。这种不确定性对城市、农业和工业水资源利用提出了巨大挑战。农业是水资源利用的主要领域之一。气候变化可能导致降雨不均，影响灌溉水源。农业用水的不合理利用可能导致土地退化和生态系统恶化。大数据在农业领域可以通过监测土壤湿度、作物生长情况等数据，为科学合理的农业水资源管理提供支持。工业对水资源的需求也很大，但气候变化可能导致水源不稳定。在城市工业用水方面，大数据可以帮助工业园区实时监测用水情况，优化工业用水流程，减少浪费，提高水资源的可持续利用率。

气候变化对城市的影响涉及城市的用水需求和供水系统。城市规划者可以利用大数据来分析城市用水的趋势，预测未来的水需求，优化城市用水设施的布局和效率，这有助于建设更加智能和可持续的城市用水系统。当面对气候变化给水资源管理带来的挑战时，可持续水资源管理变得尤为重要。大数据技术的应用可以提供更精准的水资源监测和预测，为制定可持续的水资源管理政策提供科学依据，包括建立智能化水资源管理系统、推动水资源循环利用，以及加强社会对水资源可持续利用的认知。

（二）可再生能源布局

气候变化对可再生能源的可行性有直接的影响。大数据可以深入研究气候模式的变化，了解风能、太阳能等可再生能源的潜在影响。在一些地区，气候变化可能导致风能和太阳能资源的波动，在其他地区反而可能提供更加稳定和丰富的可再生能源资源。

大数据技术可以对不同地区的可再生能源潜力进行详细评估，包括对风力、太阳辐射、水力等多种因素的综合分析。通过精确的数据分析，规划者可以更好地确定在每个地区部署何种可再生能源设施，从而最大限度地发挥其效益。这种优化布局有助于提高能源利用效率，减少对非可再生能源的依赖。大数据还可以支持区域性可再生能源规划。通过深入了解各地的气候条件、地形特点和能源需求，规划者可以制订更精准的可再生能源计划。例如，在风能资源丰富的地区重点推进风电项目，在阳光充足的地区加大太阳能发电项目的投入。这种区域性规划有助于最大限度地发挥可再生能源的优势。

大数据不仅体现在静态的规划层面，还可以支持智能能源系统的实时运行。通过实时监测和分析可再生能源的产生情况、能源需求等数据，智能能源系统可以更灵活地调整能源分配结构，确保可再生能源的充分利用，并实现对能源系统的智能管理。大数据的深度分析有助于制定可再生能源的可持续发展策略。规划者可以利用历史数据和趋势分析结果，预测未来的可再生能源需求，并制定相应的政策和措施，以确保可再生能源的长期可持续发展，包括技术创新、政府支持政策等，从而推动可再生能源在土地利用中得到健康发展。

五、社会经济变化与土地需求

(一)利用大数据进行人口预测，指导土地规划和管理

随着人口的不断增长，土地需求将面临巨大的压力。随着城市化进程的加速，居民对住房、商业设施、基础设施等土地资源的需求呈上升趋势。大数据将成为了解人口增长趋势的有效工具，通过深入研究历史数据和现有趋势，可以更准确地预测未来的人口变化。大数据在人口学领域的应用使人口预测更加准确和科学。通过整合各类数据，包括人口普查、移民情况、就业状况等数据，大数据技术可以为规划者提供更全面、多维度的人口信息。这有助于预测不同地区的人口变化趋势，为土地规划提供科学依据。

人口预测的准确性对土地规划和管理至关重要。规划者可以根据大数据分析得出的人口趋势，有针对性地规划城市化、住房建设、基础设施建设等项目。这样的精准规划有助于提高土地利用效率，避免资源浪费，同时促进城市的可持续发展。大数据还可以深入分析不同地区的人口变化。一些城市可能面临人口老龄化的挑战，另一些城市可能因为年轻人口的增加而经济活力旺盛。规划者可以根据这些区域性的人口特征，有针对性地进行土地利用规划，以满足不同地区的需求。除了基础设施，大数据还可以帮助优化社会服务设施配置，如教育、医疗、文化等。根据人口预测和分析，规划者可以合理规划这些服务设施的位置和规模，确保城市的发展与居民的需求相匹配，提高城市的生活质量。

(二)经济发展对土地利用结构的影响

随着经济的不断发展，城市化成为不可避免的趋势。大数据提供了深入了解城市化的机会。通过对经济增长与城市化的历史数据进行分析，大数据能够预测未来城市化的趋势，为土地规划提供准确的参考，这有助于

平衡城市发展和土地资源的可持续利用。经济的发展意味着对工业用地的需求增加。大数据可以帮助理解不同产业对土地的需求，从而优化土地利用结构。通过深入挖掘各个行业的用地数据，规划者可以制定差异化的土地政策，确保工业用地合理分布，促进经济结构优化升级。经济的繁荣往往伴随商业活动的增加。大数据可以深入挖掘商业数据，了解商业活动的热点区域、不同行业的需求等。这有助于优化商业区规划，提高商业活动的效益，同时平衡城市商业发展与土地资源的可持续利用。

大数据不仅可以加深对经济发展趋势的理解，还可以为土地规划和经济增长的协同发展提供支持。规划者可以通过深入分析城市各项经济指标，为不同区域的土地规划制定相应策略。协同发展可以更好地满足不同行业、不同领域对土地的需求，推动城市在经济增长中的可持续发展。在深入分析经济发展对土地利用影响的基础上，规划者可以制定可持续发展战略。大数据为规划者提供了更全面的信息，使其能够更好地平衡经济发展和土地资源的保护。例如，通过差异化的土地政策引导经济发展，确保土地得到高效利用和可持续利用。

第四节　可持续土地管理的策略和实践

一、环境友好的土地利用策略

在当前全球环境问题日益凸显的背景下，制定并实施环境友好型土地利用策略成为保护生态系统和推动可持续发展的重要举措。大数据技术的引入为这一目标的实现提供了有力支持。对城市绿化、自然保护区和水域保护等方面的数据进行深入分析，能够为制定更可持续的土地管理策略提供科学依据。

大数据技术的优势在于能够处理大规模、多样化、高维度的数据，这正是土地利用需要考虑的问题。首先，对城市绿化数据进行深入分析，可以了解植被覆盖的情况，监测城市的生态状况，并制定相应的土地管理策略。其次，对自然保护区的数据进行分析，可以帮助评估这些区域的保护效果，并指导未来的保护工作。水域保护方面的大数据分析有助于更好地了解水资源的分布和使用情况，为合理的水域规划提供支持。首先，大数据在城市绿化方面的应用至关重要。通过对城市各区域的植被分布、植被类型及植被覆盖情况的深入分析，可以得知哪些地区存在绿化不足的问题，哪些区域可以加强植被种植。这不仅有助于改善城市的生态环境，还能提高城市居民的生活质量。大数据技术的引入使决策者能够更全面、精确地了解城市的绿化状况，为制定环保政策提供有力支持。其次，大数据分析在自然保护区领域也具有显著的优势。对自然保护区内动植物分布、数量、种类等数据进行深入分析，可以评估自然保护区的保护效果，这有助于发现和解决一些濒临灭绝的物种保护、生态平衡失调等问题。再次，大数据也为未来的自然保护工作提供了科学的指导，使决策者能够更有针对性地进行保护计划的制定与实施。最后，在水域保护方面，大数据为水资源的科学管理提供了强有力的支持。对河流、湖泊等水域的水质、水量等数据进行深入挖掘，能够更好地了解水资源的分布情况，提前预警水资源过度开发或水污染问题。这为未来水域的规划和管理提供了科学依据，有助于更好地平衡水资源的开发与保护。

综合而言，大数据技术的引入为制定环境友好型的土地利用策略提供了前所未有的支持。通过深度分析城市绿化、自然保护区和水域保护等方面的数据，决策者能够更全面、准确地了解土地利用的环境影响。这不仅有助于制定更加科学的土地管理策略，还为实现可持续发展目标奠定了坚实基础。在大数据的引领下，我们有信心能够建设更加环保、可持续的土地利用体系。

（一）城市绿化的大数据分析

大数据分析可以深入挖掘城市绿化的现状和趋势。通过收集遥感数据和 GIS 数据，决策者能够实时监测城市绿化区域的变化，了解不同植被的分布、生长状态和影响因素。这为城市的绿化规划提供了客观的数据支持，确保绿地的布局更加科学，有利于改善城市生态环境。

1. 大数据深度挖掘城市绿化的现状和趋势

在当今社会，城市化进程日益加快，城市绿化成为维护生态平衡和改善居民生活质量的重要手段。大数据能够深入挖掘城市绿化的现状和趋势，为科学合理的城市绿化规划提供可靠的数据支持。

2. 实时监测城市绿化区域的变化

大数据通过收集遥感数据和 GIS 数据，实现了对城市绿化区域的实时监测。遥感卫星能够提供高分辨率的影像，使决策者能够清晰地观察到城市不同区域的植被分布、密度和状况。GIS 数据可以帮助建立城市空间信息数据库，方便对绿化区域进行定量分析。这为深入了解城市绿化的现状奠定了基础，使决策者能够快速捕捉到城市空间的任何变化。

3. 了解不同植被的分布、生长状态和影响因素

通过大数据分析，决策者能够更细致地了解城市中不同植被类型的分布情况，包括树木、草坪、花坛等不同绿化形式的分布状况，这有助于科学、合理地进行城市植被布局。同时，大数据还可以追踪不同植被的生长状态，通过时间序列数据分析，决策者能够观察到植被的季节性变化、生长趋势等。除此之外，大数据还能揭示影响植被生长的因素，如气温、湿度、空气质量等，为制定绿化策略提供科学依据。

4. 城市绿化规划的客观数据支持

借助大数据深度挖掘城市绿化现状和趋势等信息，能够为城市绿化规划提供客观的数据支持。通过对植被分布、生长状态等信息的分析，规划者可以准确地判断哪些区域需要加强绿化，以及采用何种类型的植被更为合适。这有助于提高城市绿地的利用效率，使其更好地服务于居民的休闲活动，同时能起到净化空气、改善城市微气候的作用。

5. 科学、合理布局，改善城市生态环境

深度分析城市绿化的现状和趋势，能够更科学、合理地布局城市绿地，使其在满足居民需求的同时，最大限度地提升生态效益。合理的绿化规划有助于改善城市生态环境，促进植被生长，增强城市的生态承载力，为居民创造更加宜居的城市环境。

（二）自然保护区的大数据应用

大数据在自然保护区的应用对保护生物多样性和维护生态平衡至关重

要。通过整合遥感卫星数据、传感器数据等多维度信息，决策者能够全面监测自然保护区内的动物迁徙、栖息地变化等生态过程。这种全面的大数据分析有助于科学地规划自然保护区的边界，制定合理的管理政策，最大限度地保护珍稀物种和生态系统。

1. 大数据在自然保护区的应用与生态平衡的维护

自然保护区在维护生物多样性和生态平衡方面发挥着至关重要的作用。大数据通过整合遥感卫星数据、传感器数据等多维度信息，为科学规划和有效管理自然保护区提供了强大支持。下文将深入探讨大数据在自然保护区方面的应用，以及这项技术对保护珍稀物种和维护生态平衡的重要性。

2. 动物迁徙和栖息地变化的全面监测

遥感卫星数据和传感器数据的整合使决策者能够全面监测自然保护区内的动物迁徙和栖息地变化。通过实时追踪动物的活动轨迹，决策者能够深入了解它们的栖息地需求、迁徙路径等关键信息。这种全面监测有助于识别潜在的生态威胁，提前采取措施防范生态系统被破坏，从而保护自然保护区的生物多样性。

3. 科学规划自然保护区的边界

大数据为科学规划自然保护区的边界提供了关键的技术支持。通过对遥感卫星数据和传感器数据的深入分析，决策者能够识别自然保护区内生态系统的关键特征，如湿地、森林、草原等。这有助于制定更科学、合理的保护区边界，最大限度地保护不同生态系统，提升生物多样性的保护效果。

4. 制定合理的管理政策

大数据不仅有助于监测生态过程，还能为制定合理的管理政策提供决策支持。通过分析动植物的分布、数量等数据，决策者可以更准确地评估生态系统的健康状况。基于这些信息，决策者可以制定更灵活、有针对性的管理政策，以应对不同生物群体的需求，确保生态系统长期保持平衡。

5. 保护珍稀物种和维护生态系统

大数据在自然保护区的应用，尤其是对保护珍稀物种和维护生态系统至关重要。通过深入分析物种数量、分布状况，决策者能够更精准地保护濒危物种。此外，对生态系统的监测有助于预防外来物种的入侵，维持自然保护区内各种生物之间的平衡关系。

（三）水域保护的大数据驱动

水域是生态系统中至关重要的一部分，水域保护也是环境友好型土地管理的重要组成部分。大数据可以实时监测水域的水质、水量和水生生物状况。通过对这些数据的深入分析，决策者能够及时发现水域环境问题，制定有针对性的水域保护措施，确保水资源的可持续利用。

综合来看，大数据在制定环境友好型土地利用策略方面发挥着不可替代的作用。通过深入研究城市绿化、自然保护区和水域保护等方面的数据，决策者可以更加精准地制定符合环保目标的土地管理政策。这为实现可持续发展目标、保护自然生态系统奠定了坚实的基础。未来，随着大数据技术的不断进步，通过更加有效地利用数据资源，将会推动土地管理朝着更环保、可持续的方向发展。

二、社会公平与土地资源分配

社会公平在土地资源分配中是一个至关重要的议题。运用大数据技术，决策者能够深入了解土地资源分配的现状，并通过大数据分析确保资源的合理分配，从而避免因资源过度集中造成的社会不公平问题。在这一背景下，大数据发挥着关键的作用，本部分将深入探讨大数据在土地资源分配中促进社会公平的重要性和具体作用。

大数据技术使决策者能够更深入、更全面地了解土地资源的分配现状。通过整合各种数据来源，如土地所有权、土地用途、土地价值等，决策者可以实时监测土地分配的各方面。这种深入了解有助于识别潜在的不平等问题，为制定更加精准的改善措施提供基础。大数据分析为资源的合理分配提供了科学依据。通过对土地资源分配数据的详细分析，决策者可以识别资源过度集中的趋势，发现存在的不平等现象。有了这些数据的支持，决策者可以制定更公正的土地资源分配政策，确保资源被更均匀地分布于社会各个层面。社会不公平问题常常源于资源分配的不公正。大数据的运用可以帮助预测和避免这些问题的发生。通过建立模型，分析历史数据和趋势，决策者能够提前识别可能导致不公平的因素，并及时采取纠正措施，有效地避免社会不公平问题的发生。

大数据的使用提高了决策的透明度和负责任性。所有关于土地资源分配的数据都可以被追溯和核实，这有助于确保决策过程的公正性。透明的决策过程有助于建立信任，同时促使决策者更加负责任地履行其职责，以避免出现不公平和腐败。大数据的运用还可以促进公众参与土地资源分配决策的过程。通过开放数据、提供可视化工具，公众能够更直观地了解土地资源的分配状况。这种参与能够帮助决策者更好地理解社会各界的需求和期望，确保决策更加符合整体利益。在土地资源分配中，大数据技术的应用为实现社会公平提供了新的途径。通过深入了解现状、确保资源合理分配、避免不公平问题、提高决策的透明度和负责任性及促进公众参与，大数据在实现土地资源的更公正分配方面发挥着关键作用。这一工具的有效利用有望推动社会各界共同努力，建设更加公平、公正的土地资源分配体系。

（一）社区土地利用的数据分析

大数据可以聚焦在不同社区的土地利用情况上。通过收集和分析各社区土地使用的相关数据，决策者可以了解不同社区的土地资源分布、用途和价值情况。这有助于评估各社区的土地资源是否得到公平合理的利用，从而制定调整措施，确保社区间的土地资源分配更加均衡。

（二）群体差异与土地利用数据分析

大数据可以关注不同群体在土地利用方面的差异。通过收集群体间的社会经济、用地需求等信息，决策者能够发现土地资源分配中存在的潜在不公平现象。这种数据驱动的洞察力有助于制定更具包容性和公正性的土地资源分配策略，以确保各群体都能享有合理的土地利用权益。

（三）数据分析引导社会公平政策

大数据分析为土地资源分配提供了客观的依据，为制定相应政策提供了支持。通过深入分析土地利用数据，决策者可以识别出潜在的不平等问题，并在政策层面采取有针对性的措施，确保土地资源的分配更加公平，从而促进社会的可持续发展。

综合来看，大数据在社会公平与土地资源分配方面的应用具有巨大的潜力。通过深入挖掘土地利用数据，决策者可以更全面、客观地了解土地资源的分布情况，从而制定更为公平的土地资源分配政策。未来，期待大数据技术在社会公平领域发挥更重要的作用，为实现土地资源分配的公正与合理贡献更多的智慧。

三、土地用途多元化与可持续发展

大数据可以实现土地用途的多元化，促进不同领域的可持续发展，包括农业、工业、居住区等，确保各个领域的土地利用都是可持续的。土地用途多元化与可持续发展是由大数据引领的。在现代城市化和经济发展的背景下，实现土地用途的多元化并确保不同领域的可持续发展成为一项关键任务。大数据技术的兴起为实现这一目标提供了新的机遇。对农业、工业和居住区等领域的土地利用进行深入分析，可以更好规划和管理土地资源，推动各领域可持续发展。本部分将论证如何通过大数据实现土地用途的多元化，促进不同领域的可持续发展。

(一)农业领域的可持续土地利用

农业是土地利用的重要领域，农业的可持续发展关系到粮食安全和农村经济的繁荣。大数据可以通过监测气象数据、土壤质量等信息，为农业规划提供科学支持。例如，根据大数据分析的结果，农民可以更精准地选择种植作物，合理施肥，从而提高农田的产出并减少其对环境的不良影响。

(二)工业区的土地利用规划

在工业化进程中，科学合理的工业区规划对保障资源的高效利用和减少环境污染至关重要。大数据技术可以通过分析工业生产过程中的能源消耗、废物排放等数据，为工业区的土地利用提供优化方案。同时，大数据还可以用于监测环保指标，确保工业活动对周边环境的影响在可控范围内，促进工业与环境的协同发展。

(三)居住区土地规划的可持续性

居住区的土地利用涉及城市规划、社区建设等多方面。大数据可以通过分析人口密度、交通流量、资源利用率等数据，为居住区规划提供科学依据。例如，通过对市民生活习惯和社区设施利用情况的分析，优化社区服务设施的布局，提高社区的宜居性，实现居住区的可持续发展。

(四)多领域数据融合实现整体规划

融合农业、工业、居住区等多领域的数据可以实现整体土地规划。多领域数据的综合分析有助于发现各个领域之间的关联性和影响，为跨领域的可持续发展提供综合性的解决方案。例如，通过对农田、工业区和居住区数据的融合分析，可以找到不同领域间进行资源共享和协同发展的可能性，从而实现整体土地利用的可持续发展。

(五)大数据驱动的土地利用决策

大数据为土地用途的多元化和可持续发展提供了更加精确和实时的决策支持。基于大数据的决策系统可以帮助决策者更好地理解土地利用的现状和趋势，制定符合可持续发展理念的政策，并在实践中不断调整和优化这些政策，以适应不断变化的社会和环境需求。

大数据技术的应用为实现土地用途的多元化和不同领域的可持续发展提供了前所未有的机遇。通过深入分析农业、工业、居住区等领域的土地利用数据，决策者能够更好地规划和管理土地资源，推动着各个领域朝可持续的方向发展。大数据不仅为决策者提供了更加精准和实时的决策支持，还为社会各界提供了参与土地利用规划和决策的机会，共同推动着城市和农村的可持续发展。

四、生态系统保护与恢复

通过监测生态系统的健康状况，决策者可以制定可持续的土地管理策略，保护和恢复受影响的生态系统，包括植被覆盖、水体质量等。随着全球环境问题的日益凸显，保护和恢复生态系统成为当务之急。大数据技术的引入为监测和保护生态系统提供了全新的途径。本部分将深入探讨如何通过大数据监测生态系统的健康状况，制定可持续的土地管理策略，以及对受影响的生态系统进行保护和恢复。

（一）大数据监测植被覆盖

植被覆盖率是衡量生态系统健康状况的重要指标之一。大数据技术可以通过遥感卫星、空中无人机等技术，实时监测植被的分布、密度和生长状态。这些数据有助于对植被覆盖状况进行精准评估，为科学制定植被保护和恢复策略提供了可靠的基础。

（二）水体质量监测与分析

水体是生态系统中不可或缺的一部分，其质量直接关系到生物多样性和生态平衡。大数据技术可应用于监测水体质量，通过传感器、卫星等数据实时分析水域的化学成分、温度、污染物浓度等指标。这些数据不仅有助于发现水体污染问题，还能为制定有效的水资源保护措施提供科学依据。

（三）生物多样性监测与保护

大数据可以实现对生态系统中动物种群、分布范围和迁徙路径等信息的准确监测。大数据有助于发现物种数量减少、生态系统中某些关键物种生存受到威胁的情况。基于这些数据，决策者可以制定相应的保护措施，确保生物多样性的稳定和生态平衡的恢复。

（四）土壤质量实时监控

土壤质量是生态系统健康的基石。大数据技术可通过传感器、遥感等实时监控土壤的营养成分、湿度和重金属含量等关键参数。这些数据不仅可以帮助决策者及时发现土壤质量问题，还能为农业和生态恢复提供科学依据。

（五）灾害预警与生态恢复应对

大数据还可以应用于预测和应对自然灾害对生态系统的影响。通过监测气象、地质等数据，决策者可以预测可能发生的自然灾害，并提前采取相应的生态恢复措施。这有助于最大限度地减少自然灾害对生态系统的损害，促进生态系统的快速恢复。

通过监测植被覆盖、水体质量、生物多样性、土壤质量等状况，决策者能够更全面地了解生态系统的运行状态。基于这些数据，决策者可以制定出更精准、可持续的土地管理策略，保护和恢复受影响的生态系统。大数据技术为实现全球生态系统的可持续发展提供了强有力的支持。

五、智能城市技术的整合

智能城市技术的整合是指运用物联网、人工智能，实现土地利用的智能化和高效化。大数据可以实现城市设施的智能管理，提高城市运行效率。智能城市技术的整合可以引领土地利用的智能化、高效化。随着科技的不断突破与发展，智能城市技术逐渐成为推动城市高效管理的关键力量。

（一）物联网在土地利用中的应用

物联网技术将各类设备、传感器连接到网络中，为城市提供了大量实时数据。在土地利用方面，物联网可以监测城市交通流量、能源使用、环境质量等数据，为城市规划和土地管理提供准确的信息。通过分析这些信息，决策者可以更好地了解城市不同区域的需求，实现土地的高效利用。

（二）人工智能优化土地规划

人工智能的应用使城市规划和土地利用更加智能化。机器学习、人工智能可以分析历史数据、城市发展趋势，预测未来的土地需求。在土地规划过程中，人工智能可以提供个性化的建议，考虑城市不同部分的发展特点和需求，使规划更加贴近实际情况。

（三）大数据驱动城市设施管理

智能城市技术的基础是大数据的应用，尤其是在城市设施管理方面。大数据可以监测城市设施的运行状况，包括交通信号灯、垃圾处理设施、供水系统等。通过实时数据分析，决策者可以迅速响应问题，提高城市设施的使用效率，从而提升城市运行的整体效能。

（四）智能交通管理与土地利用

智能城市技术在交通管理方面有广泛的应用。通过分析交通流量、交通模式等信息，决策者可以更好地优化道路规划和土地利用。例如，根据交通数据调整商业区和居住区的布局，提高城市交通的流畅性，减少拥堵问题。

（五）智慧环境与土地可持续发展

整合智慧城市技术有助于创造更宜居、环保的城市环境。大数据可以实时监测城市环境质量，如空气和水质，这些信息有助于调整土地利用策略，确保城市发展是在可持续、环保的基础上进行的。智能城市技术的整合对土地利用的智能化和高效化具有深远的影响。通过物联网、人工智能和大数据，决策者可以更好地理解和回应不断变化的需求，实现土地的高效利用。

六、可持续性指标的引入

引入各种可持续性指标，如碳排放、社会公平指数、经济效益等，作为土地管理绩效的评估标准。通过大数据监测这些指标的变化，确保土地管理在可持续性方面取得实质性的进展。可持续性指标的引入助力土地管理的全面评估。在面临全球可持续发展挑战的背景下，引入可持续性指标成为土地管理的重要举措。

（一）可持续性指标的多元化

可持续性的概念涵盖环境、社会和经济方面的各种因素。引入各种可持续性指标，如碳排放、社会公平指数、经济效益等，有助于全面了解土地利用的各方面。大数据技术可以实现对这些指标的全面监测，为土地管理提供更全面的信息基础。

（二）大数据在可持续性指标监测中的作用

大数据为可持续性指标的监测提供了全面而高效的手段。例如，通过分析碳排放的时空分布，可以了解不同区域的环境影响，从而调整土地利用策略。社会公平指数的分析结果可以揭示土地分配中的潜在不公平问题。大数据为土地管理者提供了更加直观、实时的指标监测手段，有助于快速响应变化和采取切实可行的改进措施。

（三）可持续性指标与土地管理绩效的关联

可持续性指标是土地管理绩效的客观评价标准。通过分析这些指标的历史数据和趋势，决策者可以评估土地管理在环境、社会和经济方面的表现。这种关联性有助于制定更科学、可行的土地规划，从而实现可持续发展的目标。

（四）可持续性指标的动态调整

随着社会、科技和环境的变化，可持续性指标也需要不断进行调整。大数据的优势在于实时性和动态性。通过对数据的深入分析，决策者可以及时捕捉到环境、社会和经济变化的新特征，有针对性地调整可持续性指标，使其更符合实际情况，更具指导性。

（五）可持续性指标引领土地管理未来

可持续性指标将成为土地管理未来发展的引领力量。通过科学、综合的评估体系，决策者可以更好地实现土地的高效利用，并在可持续发展的道路上迈出坚实的步伐。大数据为这一过程提供了技术保障和支持，使可持续性指标成为实现土地管理全面提升的得力工具。

通过引入多元化的可持续性指标，并借助大数据分析技术，土地管理可以在环境、社会和经济方面实现更全面的评估。这种全面的评估为制定科学的土地规划和管理策略提供了更为强大的支持，推动土地管理朝着可持续发展的方向迈进。

第五节 土地管理中的社会责任

在土地管理中，社会责任的一方面是确保土地资源合理、公正、可持续利用的关键要素。大数据技术为实现这一目标提供了强大的工具。社会责任体现在多方面，最重要的是促进可持续的土地利用。大数据不仅有助于监测土地利用的环境影响，还能推动可持续发展战略的制定和实施。通过对大规模土地利用数据的深入挖掘，决策者能够更准确地了解土地的健康状况，从而制定符合社会责任理念的土地管理策略。

社会责任的另一方面是关注社会公平和资源均衡。大数据能够深入分析土地资源的分配情况，防止资源过度集中引发社会不公平问题。通过大数据分析，决策者可以识别资源分配中的不平等问题，从而制定措施确保资源的公正分配，促进社会的均衡发展。城市化进程中的社会责任也不可忽视。大数据在城市规划中的应用，使决策者能够更好地应对城市发展中可能出现的社会责任挑战。通过分析城市数据，决策者可以更科学地规划城市布局，降低城市发展对社会和生态系统的不利影响，从而履行对未来的社会责任。此外，社会参与和透明度也是社会责任的关键组成部分。大数据技术通过提供全面、透明的土地利用信息，促进了公众参与土地管理决策的过程。数据的透明度增加了决策的可信度，使公众能够更广泛地参与土地管理事务，从而更好地履行社会责任。

综合而言，大数据技术在土地管理中的广泛应用为履行社会责任提供了有力支持。通过对数据的深度分析，决策者能够更全面地理解土地利用的各方面，从而推动可持续发展、社会公平和城市规划的更好实现。社会责任的履行需要数据驱动的管理，而大数据正是实现这一愿景的重要工具。土地管理中的社会责任可以从多个方面展开论证，大数据在这些方面的应用也促进了社会责任的履行。

一、可持续土地利用的推动

（一）大数据在土地管理中的应用促进了可持续土地利用的实现

当今社会面临土地资源有限、城市化进程快速推进、环境问题日益凸显等方面的挑战。为了应对这些挑战，推动可持续土地利用已成为一项紧迫的任务。在这一背景下，大数据技术为实现可持续土地利用提供了强有力的支持。通过对大规模、多维度土地数据的深入分析，决策者能够更精确地把握土地的状态、变化趋势和对环境的影响，从而制定更科学、可行的土地管理策略。

1. 智能土地规划

大数据在土地管理中的应用首先体现在智能土地规划上。通过对历史土地利用数据、GIS 数据，以及人口、经济等多领域数据的整合和分析，决策者能够更好地理解土地的适宜用途、资源分布情况，从而制定更合理的土地规划。这种数据驱动的智能规划不仅提高了土地利用的效益，还能够减缓城市化对自然环境的冲击，以此来实现城市的可持续发展。

2. 资源高效利用

大数据技术还有助于实现土地资源的高效利用。通过对土地利用效益数据的监测和分析，决策者能够发现并优化未充分利用的土地资源。例如，查找城市中的空置土地、老旧建筑，对其进行合理的改造和再利用。这种高效利用的方式不仅能提高土地的利用效率，还有助于减少其对自然生态系统的侵害。

3. 环境保护与生态平衡

大数据在土地管理中的应用对环境保护和生态平衡至关重要。通过监测土地利用对生态系统的影响，决策者可以更好地识别环境问题并及时作出调整。例如，通过大数据分析土地利用对水体的影响，预防水资源污染。此外，大数据还能保护自然生态系统，如通过对动植物分布等数据的监测，实施有针对性的生态修复和保护措施。

4. 社会公平与参与

大数据在土地管理中的运用还能够促进社会公平和民众参与。通过对土地资源分配数据的分析，决策者可以发现并解决资源分配不均的问题，避免资源过度集中导致的社会不公平。此外，数据的透明度也促进了公众对土地管理决策的参与，通过大数据分析市民需求和期望，确保土地利用规划符合社会期望。

综上所述，大数据技术在土地管理中的应用为推动可持续土地利用提供了多方面的支持。通过智能土地规划、资源高效利用、环境保护与生态平衡、社会公平与参与等方面的数据驱动方法，决策者能够更全面、科学地实现土地的可持续利用。这不仅有助于保护环境、维护生态平衡，还能够推动社会公平，实现土地管理的可持续发展。

（二）强调大数据分析对环境影响的监测，确保土地开发和利用的可持续性

在现代土地管理的背景下，大数据分析在确保土地开发和利用的可持续性方面发挥着至关重要的作用。通过对环境影响的深入监测，决策者能够更全面地了解土地利用活动对生态系统的潜在影响，从而制定更为科学、合理的土地管理策略，促进土地利用可持续发展。

1. 数据驱动的环境监测

大数据为环境监测提供了前所未有的精细化手段。通过整合遥感卫星数据、传感器数据等多源信息，决策者能够实现对土地利用活动的实时监测。这种数据驱动的监测方式不仅能够捕捉到土地利用变化的即时性，还能够分析这些变化对生态系统的具体影响，从而形成全面的数据图景。

2. 精准识别环境影响因素

大数据有助于精准识别土地利用活动中的环境影响因素。通过对大规模数据集的挖掘，决策者可以分析土地利用活动与生态系统指标（如植被覆盖、水体质量等）之间的关联性。这种深度分析有助于准确定位哪些土地利用模式会对环境产生不良影响，为决策制定提供了科学依据。

3. 预测性分析与风险防范

大数据分析的预测性特征为土地利用的可持续性提供了一种前瞻性的管理方式。通过建立模型，再结合历史数据和实时监测数据，决策者能够预测不同土地利用决策可能产生的影响，及早识别潜在的环境风险。这种

风险预防的方式有助于在问题发生之前采取针对性的措施，最大限度地减少对生态系统的不良冲击。

4. 智能决策支持系统

基于大数据的智能决策支持系统为土地管理者提供了更科学、精准的意见。通过整合各类数据，系统能够为不同土地利用决策提供风险评估、环境影响分析等综合信息，帮助决策者作出更具可持续性的选择。这种智能系统的运用使土地管理决策更具前瞻性和可操作性。

5. 社会参与与透明化

大数据也能促进社会参与与透明化。通过公开环境监测数据，吸引公众参与土地管理过程，实现决策的透明化。同时，大数据也为公众提供了更多直观的数据，使其能够更容易地理解土地利用活动对环境的潜在影响，推动社会对可持续土地利用的共同关注。

大数据对土地利用的环境影响监测提供了强大的工具和手段。通过全面、精准的数据分析，决策者能够更好地理解土地利用活动对生态系统的潜在影响，实现土地的可持续利用。这种数据驱动的管理方式不仅有助于预防环境风险，还能为决策者提供更科学、智能的决策支持，以推动社会可持续发展。

二、社会公平和资源均衡

在当今社会，大数据成为实现社会公平和资源均衡的有力工具，为决策者提供了深入了解社区需求和资源配置的途径。通过数据分析实现对社区资源的均衡分配，不仅能促进社会公平，还有助于提高整体社会的可持续性。

大数据提供了多维度的社会公平测度和评估方式。通过整合来自不同领域的数据，包括教育、就业、医疗等方面的信息，决策者能够客观地了解社会中不同群体的状况，这为社会公平的识别和衡量提供了全面、准确的依据。大数据分析在资源分配中发挥着关键作用。通过对社区资源的需求和利用情况进行深入挖掘，决策者能够更准确地了解各项资源的分配情况。基于这些数据，决策者可以制定更具针对性的资源分配策略，以确保资源更加均匀地服务于社会的各个层面。大数据可以深入研究不同社区的教育资源分布情况及其对学生的影响，这有助于发现并消除教育资源差距，通过有针对性的教育投入，提高弱势社区的教育水平，从而促进社会的整体公平发展。大数据可应用于医疗资源的合理分布。通过分析社区居民的健康数据和医疗需求，决策者可以更好地规划医疗服务点的位置和医疗资源的配置，确保医疗资源能够普及每个社区，这有助于提高健康服务的公平性。大数据也有助于揭示就业机会的分布情况。通过深入了解各行业的用工需求、不同社区的劳动力市场情况，决策者可以制定政策促进就业机会的平等分配，从而实现社会公平。

大数据为实现社会公平与资源均衡提供了前所未有的机会。通过深入挖掘和分析多样化的数据，大数据能够更准确地识别社会中的不平等问题，从而为决策者提供科学依据，实现资源的公平分配。这不仅有助于社区的可持续发展，还能够推动社会向更加公正的方向迈进。

在土地资源分配中，大数据的广泛应用为识别和解决不平等问题提供了前所未有的手段。通过深度分析和精确测量，大数据技术能够确保土地资源的公正利用，促进社会的可持续发展。大数据分析可以迅速识别土地资源分配中存在的不平等问题。通过整合来自不同领域的数据，包括土地所有权、利用方式和经济效益等多维度的信息，决策者能够全面了解不同群体之间的土地资源分布差异，为公平、合理的土地利用建立基础。大数据能够实现土地所有权的精准评估。这有助于揭示土地所有者的结构性差异，指导政策制定者制定更加公平的土地分配政策。通过确保土地权益的均等分配，不同社区和群体能够分享到土地资源带来的利益。

大数据可以为制定差异化的土地政策提供支持。通过了解土地利用的各方面，包括农业区、工业区和居住区等，决策者能够更具针对性地制定政策，满足不同社区和行业的需求，从而实现资源的更公正分配。大数据有助于监测土地利用的效益，确保其均衡分配。通过对不同土地利用方式的经济、社会和环境效益进行全面评估，决策者能够避免资源过度集中在某一领域，从而实现土地的多元、均衡利用。大数据为土地资源的可持续发展提供了有力支持。通过确保土地的公平、合理利用，社会能够更好地平衡经济增长、社会公平和环境保护，实现土地资源的可持续利用。大数据的应用为土地资源分配中的不平等问题提供了全新的解决途径。通过深入的数据分析，决策者能够更准确地了解土地利用的各个层面，从而制定更公正、差异化的政策，确保土地资源的可持续发展，推动社会向更加健康的方向迈进。

三、城市化对社会责任的挑战

(一)大数据应对城市化社会责任的挑战

城市化是当今社会发展的重要趋势之一，但是，城市化过程中所带来的社会责任挑战也不可忽视。大数据的引入为解决这些挑战提供了新的可能性，使城市化更具可持续性和社会责任感。城市化往往伴随人口的爆炸式增长，这也给社会服务带来了前所未有的挑战。大数据分析可以帮助规划者深入理解城市居民的需求，精准预测服务需求的增长趋势，从而有针对性地规划和提供教育、医疗等社会服务。

在城市化过程中，基础设施不足是常见的问题，这会影响到居民的日常生活。通过监测城市交通、用水、用电等情况，城市规划者可以更好地调整基础设施建设，增强城市的可持续性和适应性。城市化往往伴随社会结构的变化，可能会导致贫富差距的进一步拉大。大数据可以追踪社会不平等的动态，帮助政府更好地制定社会福利政策，促进缩小贫富差距，实现更具包容性的城市化。城市化常常伴随环境污染、资源浪费等问题。大数据技术可以监测城市环境的质量，提供实时数据，帮助决策者采取措施来减轻城市发展对环境的负担，推动城市可持续发展。城市化给社会治理增加了复杂性和难度。大数据可以为城市治理提供更科学的手段，通过分析社会舆情、犯罪数据等，帮助决策者更好地了解城市动态，提高治理效能。

(二)应用大数据减轻城市发展对社会和生态系统的压力

随着城市化进程的不断加速，城市规划迎来了前所未有的挑战。为了实现可持续发展，减轻城市发展对社会和生态系统的压力，大数据成为一种创新而有力的手段。

通过分析城市交通流量、车辆轨迹等信息，决策者可以更准确地预测交通拥堵，优化交通信号灯的配时，提升道路利用效率，减轻城市交通压力，提升居民出行体验。大数据在城市规划中可以监测能源使用情况，分析能源消耗模式。通过实时监测建筑能效、公共设施的用能情况，决策者可以制定更科学的节能政策，推动城市向能源高效利用的方向发展，减轻生态环境的负担。

大数据为构建智慧城市提供了基础。通过监测城市居民的生活习惯、社交行为等信息，决策者可以更好地了解城市的发展方向和发展需求，制定更符合实际情况的城市规划，推动城市朝着更加智能、便捷的方向发展。大数据可以深入了解城市居民的需求，分析医疗、教育、社会福利等方面的数据，从而优化社会服务布局。精准的社会服务可以提高社会满意度，减轻因服务不均衡而产生的社会压力。

通过监测城市绿化、水体质量、空气污染等生态指标，决策者能够更好地理解城市生态系统的健康状况。在规划中引入生态廊道、增加绿地面积，可以最大限度地减缓城市发展对生态系统的冲击，实现城市与自然和谐共生。大数据的应用使城市规划更加精准，决策者可以分析土地利用的历史数据、人口流动趋势等，制定更为科学的土地利用规划，避免土地资源的浪费，提高土地利用效益，从而减轻土地开发对生态系统的负面影响。大数据在城市规划中的应用为实现社会与生态系统的可持续发展提供了强大的支持。

四、生态系统保护和生物多样性

（一）大数据助力土地利用管理中的生态系统保护

大数据技术在土地管理中的应用不仅在经济和社会层面取得了显著成果，还为生态系统的保护和生物多样性的维护提供了全新的可能性。生态系统是土地利用的核心组成部分，大数据的高效分析为生态系统提供了更深入的了解和更精确的决策支持，实现了可持续的土地管理。

1. 生态系统监测与大数据

大数据技术通过整合遥感卫星数据、传感器数据等多维度信息，为生态系统的实时监测和管理提供了前所未有的手段。大数据能够全面地监测植被覆盖、土地利用变化等生态指标，为保护生态系统提供及时、准确的信息。这种全面的监测系统使决策者能够更好地理解生态系统的变化趋势，从而采取更有针对性的保护措施。

2. 生物多样性保护与大数据应用

生物多样性是生态系统的关键特征，大数据在保护生物多样性方面发挥着至关重要的作用。通过整合物种分布数据、迁徙路径等信息，大数据技术为生物多样性的保护提供了科学的依据。例如，通过大数据分析，决策者可以了解物种的迁徙路径、栖息地需求等关键信息，制订更为精准的保护计划，确保各类生物都能得到合适的保护。

3. 灾害应对与大数据的结合

大数据在灾害应对方面也对生态系统保护发挥了关键作用。通过实时监测气象、地质等数据，大数据可以帮助决策者更好地预测自然灾害的发生，提前采取措施保护生态系统。这种预测与决策的快速响应，有助于减小自然灾害对生态系统造成的损害，保护动植物的生存环境。

4. 大数据在土地管理决策中扮演的角色

大数据在土地管理决策中扮演的角色至关重要。通过对生态系统的全面监测和生物多样性的科学保护，大数据技术为土地规划、资源分配等决策提供了可靠的依据。它使决策者能够更全面地了解土地利用的影响，采取更科学和可持续的管理措施，维护生态系统的完整性和生物多样性。

综上所述，大数据技术在土地管理中的广泛应用为生态系统的保护和生物多样性的维护带来了新机遇。通过全面监测、科学决策和迅速响应，大数据创造了更为可持续的土地管理模式，确保土地资源得到更科学、有效的保护，从而为未来的可持续发展奠定坚实的基础。

(二) 强调大数据分析对生态系统健康的监测

随着社会发展和城市化进程的加速，生态系统的健康成为人们关注的焦点。大数据作为一种先进的技术手段，为监测生态系统健康提供了全新的途径。本部分将探讨大数据在生态系统监测中的作用，强调其对生态系统健康的及时监测，以及采取相应保护措施的关键性作用。

1. 生态指标的大数据监测

大数据通过整合遥感卫星数据、传感器数据等多维度信息，实现了对生态系统的多方位监测。生态系统健康的关键指标（如植被覆盖、土壤质量、水体状况等）可以通过大数据的高效分析得到实时、全面的数据。这种全面的监测有助于识别生态系统中的潜在问题，为保护行动提供科学依据。

2. 大数据在生态异常事件监测中的应用

大数据不仅能监测常态下的生态系统健康，还能及时发现生态异常事件。通过对历史数据和实时数据进行深入分析，大数据可以识别出森林火灾、水体污染等突发事件。这种在早期发现异常情况的能力为采取紧急的生态保护措施提供了重要的时效性和准确性。

3. 大数据在生态系统保护中的实际案例

以具体案例来说明大数据在生态系统健康监测中的成功应用，如通过对空气质量、植被指数等多维度数据的综合分析，一些城市成功预测并及时应对了雾霾事件，有效地维护了城市生态环境的健康。这些案例彰显了大数据在保护生态系统中的实际效果，证明了其在生态健康监测中的价值。

4. 大数据支持的生态保护决策

强调大数据在生态系统健康监测中对决策的影响。通过实时监测和分析，决策者能够更准确地了解生态系统的状况，并以此制定出更科学、有效的生态保护措施。大数据的应用为生态系统健康提供了更加智能、精准的保障。

综上所述，大数据分析在生态系统健康监测方面发挥着关键作用。通过实时监测，大数据提供了更全面、深入了解生态系统的手段。在这种数据支持下的生态系统监测不仅有助于及时发现问题，还能为生态保护提供科学依据，推动可持续发展。

五、基于大数据的决策支持

（一）基于大数据的土地高效利用决策的科学性和社会效益

随着社会的不断发展和城市化进程的加速，土地管理变得日益复杂，需要更为科学和精准的决策。大数据作为一种先进的技术手段，为土地管理决策提供了强大的支持。本部分将深入论证大数据在土地管理中的决策支持作用，以及它如何提高决策的科学性和社会效益。

1. 土地资源分析与规划

大数据在土地管理中的第一项作用是对土地资源进行全面的分析。通过整合卫星遥感影像、GIS 数据等多源数据，决策者可以准确了解土地的利用状况、土地质量等情况。这样的全面数据分析有助于决策者更好地理解土地资源分布，从而在规划和管理中制定更科学的政策。

2. 土地利用规划的优化

大数据能够在土地利用规划中发挥关键作用。通过对历史土地利用数据的挖掘和分析，大数据可以了解过去的规划效果，并对其进行优化。结合实时数据，大数据还能够及时调整规划，以适应城市化的快速发展。这种灵活性使土地利用规划更具科学性和实效性。

3. 环境影响评估与风险管理

大数据在土地决策中还能够进行环境影响评估和风险管理。通过对环境数据的监测，决策者可以实时评估土地利用对周边环境的潜在影响。这有助于预防潜在的环境问题，提高土地利用的可持续性。同时，大数据的风险管理功能还能够提前识别潜在的风险，帮助决策者更好地制定决策。

4. 社会参与与决策透明度

大数据在土地管理中还能够加强社会参与，提高决策透明度。通过将相关数据向公众开放，大数据能够促使更多人参与土地决策过程，使决策更加民主。决策的透明度得以提高，社会各界也更容易了解土地决策的合理性和科学性，从而增强社会对决策的信任度。

综上所述，大数据在土地管理中的决策支持作用是多层次、多方面的。从资源分析到规划优化，再到环境影响评估和社会参与，大数据的运用不仅提高了决策的科学性，还提高了决策的社会效益。土地管理者应当善于利用大数据技术，以更加智能、科学的方式推动土地管理决策，从而实现经济、社会和环境的协调发展。

(二)大数据为决策者提供更全面、客观的信息

大数据作为信息时代的核心推动力，为决策者履行社会责任提供了前

所未有的支持。大数据的独特之处在于其能够从各个领域搜集大量数据，并进行全面深入的分析。通过整合社会、经济、环境等多领域数据，决策者可以获得更全面的信息。例如，社会经济数据可以揭示城市发展的方向，环境数据有助于了解生态系统的状况。这种全面的数据分析为决策者提供了更为准确的信息基础。

　　大数据能够客观地评估各种情况，使决策者更好地了解潜在风险。通过对历史数据的分析，决策者可以了解在类似情境下的结果，从而更好地制定风险管理策略。这种客观评估有助于避免盲目决策，提高决策的质量，确保社会责任的履行不受不确定性因素的影响。大数据的实时性使决策者能够及时了解各种动态变化。通过对实时数据的监测，决策者可以更灵活地应对突发事件，及时调整决策策略。例如，在面对自然灾害或紧急情况下，实时数据的运用可以帮助决策者更迅速、有效地履行社会责任，降低潜在风险。大数据不仅能够为决策者提供信息，还可以促进社会参与和提升决策透明度。通过将数据公开，决策者能够与公众共同履行社会责任。透明度的提升使决策者的行为更易被社会监督，确保社会责任的履行更加公正、负责。

　　综上所述，大数据为决策者提供了更全面、客观的信息，有助于他们更好地履行社会责任。通过全面的数据收集与分析、客观评估与风险管理、实时数据的应用，以及社会参与的加强与透明度的提升，决策者能够更科学、更负责任地履行社会责任，推动社会持续健康的发展。

第七章
土地高效利用管理的未来展望与挑战

在大数据不断演进的背景下，土地高效利用管理正迎来前所未有的机遇和挑战。未来，可以期待大数据技术在土地管理领域的更深层次应用，为决策者提供更精准的数据支持，推动土地资源的可持续发展。

首先，随着传感器技术、卫星遥感和物联网的不断发展，土地数据的采集将更加全面、实时。这将为土地规划和监管提供更为翔实的信息，使决策者能够更准确地了解土地利用状况，从而制定更有效的管理策略。其次，人工智能与大数据的发展将为土地管理带来前所未有的智能化和自动化水平。通过深度学习等技术，系统能够识别土地利用模式、预测土地变化趋势，并快速响应各种复杂的土地管理问题。这将提高管理效率，降低成本，并为决策者提供更灵活、实时的决策支持。但是，未来的发展同样也面临一系列挑战。隐私与安全问题将成为大数据应用中的重要考量，特别是在涉及个人信息和敏感土地用途数据时。此外，技术标准的缺乏和不同数据源的异构性也可能阻碍大数据在土地管理中的无缝整合。

因此，为了实现大数据在土地高效利用管理中的最大潜力，不仅需要在技术上不断创新，还需要政府、企业和研究机构紧密合作，共同应对未来发展中的各种挑战。只有多方努力，才能够更好地利用大数据技术，推动土地资源的科学管理和可持续利用。

第一节 大数据发展趋势与土地高效利用的未来

一、数据驱动的土地规划与决策

(一)大数据成为土地规划和决策制定的关键因素

随着科技的快速发展，大数据已然成为土地规划和决策制定的关键因素。传统的土地管理方式面临信息获取不足、决策制定不够精准的问题，而大数据的崛起为这一领域带来了前所未有的机遇。本部分将深入探讨大数据是如何在土地规划和决策中扮演关键角色，并为未来土地资源高效利用奠定基础的。

1. 数据驱动的土地规划

大数据为土地规划注入了强大的数据动力。通过集成遥感卫星、GIS、传感器等多源数据，决策者可以全面、实时地了解土地利用的状况。这一全面性的数据基础使土地规划不再依赖有限的样本调查，而是基于更为真实、全面的数据制定规划策略。大数据的介入，使土地规划不再靠经验和猜测，变得更加科学、准确。

2. 精准决策的支持工具

大数据不仅提供了庞大的数据量，还为土地管理决策制定提供了精准的支持工具。通过数据分析和挖掘技术，决策者可以获取土地利用的潜在模式和趋势，从而更好地预测土地的未来变化。智能算法的运用使决策者能够迅速识别潜在的问题和机遇，为规划和决策提供有力的参考。这种精准决策的支持工具使土地管理变得更加高效、灵活，有助于应对不断变化的社会和环境需求。

3. 实时监测与反馈机制

大数据为土地规划引入了实时监测与反馈机制，这对灵活应对土地变化至关重要。卫星遥感、物联网技术及传感器网络的建设，使土地的变化可以被实时捕捉。这种实时的监测系统为决策者提供了及时的反馈，有助于迅速调整规划和决策。实时监测与反馈机制的建立，使土地管理不再是一次性的决策，而是能够动态调整的过程，从而更好地适应不断变化的社会条件和环境条件。

4. 大数据在社会经济中的影响

除了在土地规划和决策中直接应用，大数据还通过对土地利用经济效益的深入分析，为社会经济发展提供了更全面的指导。大数据的运用促使土地利用更为科学，提高了农业生产率，减少了资源浪费，进而推动了产业升级和就业增长。因此，大数据不仅在土地规划和决策中发挥了关键作用，还对社会经济产生了深远的影响，为未来的可持续土地利用奠定了坚实的基础。

(二)大数据对制定更精准、基于事实的土地规划策略的重要性

在当前信息时代，土地规划的精准性是可持续土地利用的基石。大数据的兴起为土地规划带来了前所未有的机遇，其巨大的数据储备和高效的分析能力成为制定更精准、基于事实的土地规划策略的不可或缺的重要因素。本部分将深入探讨大数据在制定土地规划策略中的关键作用，以及如何通过大数据实现更为精准的土地规划。

1. 多源数据融合的精确性

大数据在土地规划中的重要性体现在于其能够整合多源数据，提高数据的精确性和全面性。传统土地规划往往依赖有限的采样数据，容易因不完整或过时的信息导致规划不准确。通过整合遥感卫星、GIS、传感器等多种数据源，大数据可以提供更全面、实时的土地利用信息，使规划能够更加基于事实，避免主观判断的误导，确保规划的准确性和实用性。

2. 数据分析与模型建设的科学性

大数据的强大分析能力为土地规划提供了科学支持。通过数据分析和模型建设，决策者可以更深入地理解土地利用的潜在模式和变化趋势。这种科学的方法使土地规划不再依赖直观的经验，而是能够通过对大量数据的深入挖掘，形成更为科学、合理的规划策略。大数据的引入使土地规划更加科学、客观，为决策提供了更加可信的支持。

3. 实时性决策的灵活性

要想实现基于事实的土地规划策略，还需要依赖大数据的实时性和灵活性。土地利用情况可能由自然灾害、经济变化等因素迅速发生变化，但传统的规划策略难以及时调整。大数据的实时监测与反馈机制使决策者能够在变化发生时及时作出反应，调整规划策略，保证规划的灵活性和实效性。实时性决策的灵活性，是基于大数据的土地规划策略能够更好适应不断变化的环境和需求的重要保证。

4. 社会经济效益的提升

制定更精准、更基于事实的土地规划策略不仅有助于土地资源的合理配置，还能推动社会经济效益的提升。规划的准确性直接影响着土地的高效利用，从而带动农业、工业等产业发展，提高生产率，减少资源浪费。这种提升社会经济效益的方式，正是大数据为土地规划策略提供精准支持的实际体现。

(三)通过大数据确定土地最佳利用方式、资源配置和用地变更方面的潜在价值

在土地高效利用与管理领域，确定土地最佳利用方式、优化资源配置和用地变更一直是关键问题。随着大数据技术的发展，全社会迎来了一个全新的时代，大数据为确定土地最佳利用方式和优化资源配置提供了前所未有的潜在价值。本部分将深入讨论大数据分析在这些方面的潜在价值，以期为未来土地管理决策提供更科学、有效的指导。

1. 土地最佳利用方式的精准识别

大数据分析可以为土地最佳利用方式的精准识别提供强大的支持。通过整合遥感卫星数据、GIS 数据和传感器数据，决策者可以实现对土地特性的精准测量。大数据的分析能力可以识别土地的自然特征、气候条件及土壤质量等关键因素，从而为确定土地最佳利用方式提供科学依据，提高土地的生产效益。

2. 资源配置的优化与效益提升

通过大数据在资源配置方面的应用，有望实现土地资源更加合理、高效的利用。通过对大数据的深度挖掘和分析，可以了解土地上各种资源的

189

分布情况，包括水源、植被、矿产等。这使决策者能够更好地进行资源配置优化，确保资源的合理流动，提高土地的整体效益。大数据分析的精准性和全面性为决策者提供了更为深入的洞察，使资源配置更加科学、经济。

3. 用地变更的预测与规划

大数据技术还能够为用地变更的预测和规划提供有力支持。通过对历史土地利用数据的分析，再结合当前的土地利用情况，大数据可以帮助决策者预测未来土地的变更趋势，这为规划未来城市发展、农业用地布局等提供了重要参考。通过大数据的支持，决策者能够更好地预见土地利用的变化，从而制定更加合理和可持续的用地规划。

4. 社会经济效益的提升

大数据在确定土地最佳利用方式、资源配置和用地变更方面的潜在价值最终将体现在提升社会经济效益上。科学的土地规划和资源配置可以推动农业、工业和城市建设等领域的发展，提高土地的综合效益。这不仅有助于提升地区经济水平，还能促进社会的可持续发展，实现经济效益、生态效益和社会效益的有机结合。

二、实时土地监测与反馈

(一)大数据技术实现土地监测的实时性

随着大数据技术的迅速发展，土地监测迎来了全新的时代，实时性成为决策支持的核心要素。大数据技术通过整合多源数据，包括遥感卫星、GIS、传感器网络等，实现全方位、多角度的土地监测。这种多源数据的整合提供了更为全面的土地信息，使监测可以实时进行。遥感卫星能够提供高分辨率、广覆盖的数据。传感器网络能够在地面实时监测土地的各种参数，将这些数据整合在一起，能够使土地监测具备更强的实时性。大数据技术在土地监测中的应用不仅体现在对数据的采集上，还体现在对大量数据的高效处理和分析上。传统的土地监测难以处理庞大的数据流，而大数据技术通过分布式计算、机器学习等手段，能够迅速处理海量的土地数据。这种高效性使监测结果能够实时生成，为决策者提供即时的土地状况，有力地支持实时的决策制定。

大数据技术给土地监测带来的实时性，并非仅限于数据的采集和处理，还包括实时的反馈机制。借助大数据技术，可以建立实时的土地监测与决策支持系统。该系统能够将监测结果及时反馈给决策者，通过可视化的方式呈现土地变化情况。决策者可以在系统中获取实时信息，从而迅速作出决策，应对各种突发情况，提高土地管理的灵活性和效率。实时的土地监测不仅有助于应对当前的土地管理挑战，还为未来的土地规划提供了更为精准的数据支持。通过大数据技术实现的实时监测，可以更好地捕捉土地利用变化的趋势，为未来土地规划提供准确的参考。这种对未来的展望使决策者能够更有预见性地制定长期的土地规划策略，更好地应对社会、环境等方面的变化。

(二)卫星遥感、传感器及物联网对土地变化的实时追踪和监测

在土地管理领域，卫星遥感、传感器和物联网的应用，为土地变化的实时追踪和监测提供了前所未有的可能性。这些先进技术的结合不仅提高了监测的精准性和时效性，还为土地管理决策提供了更为全面的信息基础。

1. 卫星遥感的高分辨率观测

卫星遥感作为土地监测的关键手段之一，能通过卫星对地表进行高分辨率观测，实现对土地变化的全球、宏观监测。高分辨率的卫星图像能够清晰地反映土地利用的变化情况，捕捉到不同用途的土地，如农田、城市、自然保护区等，有助于决策者全面了解土地利用的状况。卫星遥感的特点在于广泛的覆盖范围和定期的观测频率，确保了对土地变化的实时追踪。

2. 传感器的实时监测

传感器在土地监测中的应用不仅体现在卫星上，还体现在地面传感器网络上。这些传感器能够实现对土地各项参数的实时监测，如土壤湿度、温度、植被指数等。通过地面传感器网络，决策者可以获得更为精准的土地信息，并以此对土地的微观变化进行实时监测。传感器的实时监测使土地管理者能够及时发现潜在问题，作出迅速的决策，从而提高土地利用的

效率和可持续性。

3. 物联网的数据整合与智能分析

物联网能够将各类传感器、设备连接到互联网，形成庞大的数据网络。在土地监测中，物联网的作用不仅在于数据采集，还在于数据的整合和智能分析。物联网通过实时收集传感器传输的数据，整合不同来源的信息，从而形成更全面的土地变化图景。智能分析算法可以从大量的数据中提取关键信息，辅助决策者更准确地了解土地状况，实现对土地变化的智能监测。

4. 综合应用与未来发展展望

卫星遥感、传感器和物联网的综合应用，为土地变化的实时追踪提供了多层次、多维度的数据支持。未来，这些技术的发展将进一步提高监测的精准性和时效性。随着卫星技术的不断升级，传感器网络的扩张，以及物联网技术的不断创新，期待会有更加智能、高效的土地监测系统出现，为决策者提供更加精准、及时的土地信息，推动土地管理的科学化和可持续化。

三、预测与优化土地利用模式

(一) 大数据和人工智能预测土地利用变化的趋势

大数据和人工智能的结合为土地利用变化趋势的预测提供了前所未有的机会。在信息时代，庞大的数据集与先进的智能算法相结合，能够更精准地预测土地利用的变化趋势。

1. 大数据揭示土地利用的模式

大数据通过对历史土地利用数据的深入挖掘，能够揭示土地利用的模式和规律。利用大量的土地数据，包括地理信息、土地类型、气象数据等，大数据可以识别出土地利用的潜在模式，包括城市化、农业用地变化等。这种模式为预测土地利用的变化趋势提供了基础，使决策者能够更全面地了解土地的发展动态。

2. 人工智能的应用与模型建设

人工智能在土地利用变化预测中发挥着关键作用。通过机器学习和深度学习等技术，人工智能能够从大数据中学习到复杂的土地利用模式。人工智能能够识别出数据中的非线性关系和潜在规律，构建出更为准确的土地利用变化预测模型。这种模型不仅能够预测当前土地利用的变化趋势，还能够为未来土地利用提供更可靠的预测，为决策者提供更科学的土地管理建议。

3. 实时数据更新与迭代学习

大数据和人工智能的结合使土地利用变化预测不再是一次性的结果，而是可以进行实时的数据更新和迭代学习。通过实时监测获取的数据，土地管理者可以不断地更新预测模型，提高模型的精准度。迭代学习使模型能够适应不断变化的环境和社会条件，及时调整预测结果。这种实时更新和迭代学习为土地管理者提供了更灵活、更具针对性的决策支持，使土地管理更加适应动态的需求。

4. 社会经济影响与未来展望

大数据和人工智能在预测土地利用变化中的成功应用，不仅影响着土地管理决策，还对社会经济产生了深远影响。通过更准确的预测，决策者可以更好地规划城市发展、农业生产等，提高土地的整体效益。未来，随着大数据和人工智能的不断发展，期待会有更为精细化、智能化的土地利用变化预测模型出现，为可持续土地管理提供更为科学的决策支持。

(二)利用预测模型优化土地利用，提高土地的整体效益和可持续性

在当今社会，土地合理利用对实现可持续发展至关重要。借助先进的预测模型，能够更好地规划土地利用，提高土地的整体效益和可持续性。本部分将深入讨论如何利用预测模型优化土地利用，以满足不断增长的社会需求，并保护环境资源。

1. 预测模型的建立与优化

建立精准的预测模型是提高土地整体效益和可持续性的基础。借助大数据和人工智能，可以从历史和实时数据中学习土地利用模式，构建出准确的预测模型。这些模型考虑到了各种因素，包括地理特征、气象条件、人口变化等，因此可以更全面地理解土地利用的动态。不断地对预测模型进行优化，可以使其更符合实际情况，提高预测的准确性和可信度。

2. 土地规划的智能决策支持

准确的预测模型将为土地规划提供智能决策支持。决策者可以借助这些模型对未来土地利用趋势进行分析和预测，制定更科学、合理的土地规划策略，包括城市发展规划、农业用地布局等。通过预测模型，决策者能够更好地平衡不同的土地利用需求，确保土地资源的合理配置，提高土地的整体效益。

3. 可持续土地利用的推动

预测模型的应用能够推动可持续土地利用的实现。通过模型分析，可以识别出对土地生态系统和环境影响较小的利用方式，从而更有针对性地促进土地利用可持续发展。例如，模型可以帮助选择更适宜的农业实践，减少耕地侵蚀和水资源浪费。这种可持续土地利用有助于维护生态平衡，确保土地的长期健康稳定。

4. 社会经济效益的提升与未来展望

土地利用预测模型的应用，将带来社会经济效益的提升。合理规划的土地利用将促进农业生产、城市建设和工业发展，推动地区经济增长。减少资源浪费，提高土地利用效率，可以更好地满足人们的需求，实现土地的整体效益最大化。未来，随着技术的不断发展，期待会有更智能化和精细化的土地利用规划出现，更好地平衡经济、社会和环境的关系。

四、智能决策支持系统

（一）大数据构建智能决策支持系统，帮助决策者更好地理解土地数据

在当今信息时代，大数据技术为土地管理提供了前所未有的机会，尤其是在构建智能决策支持系统方面。利用庞大的土地数据集，大数据技术不仅能够加深对土地利用情况的了解，还能够构建智能决策支持系统，为决策者提供更全面、准确的土地信息。本部分将深入探讨大数据如何构建智能决策支持系统，帮助决策者更好地理解土地数据，从而推动土地管理的智能化发展。

1. 多源数据整合的全面视角

大数据技术构建智能决策支持系统的第一步是实现多源数据的整合。通过整合遥感卫星、GIS、传感器网络等多个来源的土地数据，该系统可以形成全面的土地利用图景。这种全面的视角使决策者能够更好地了解土地的多样性和复杂性，从而为决策提供更全面的信息基础。不同来源数据的整合，为智能决策支持系统的建立提供了数据基础。

2. 数据挖掘与模式识别的深度分析

大数据技术在构建决策支持系统中的核心作用在于数据的深度挖掘和模式识别。通过先进的数据挖掘算法，系统可以发现土地数据中隐藏的规律和潜在的关联。这种深度分析能够识别土地利用的模式，如城市扩张、农业变迁等，为决策者提供更深层次的土地信息。模式识别的结果可以被系统用来预测未来的土地变化趋势，从而使决策更具有科学性和预见性。

3. 实时监测与灵活反馈机制

智能决策支持系统的优势在于实时监测和灵活反馈机制。大数据技术允许系统对土地数据进行实时监测，及时捕捉土地利用的变化。通过灵活的反馈机制，决策者可以获得即时的土地信息，并根据实际情况进行调整。这种实时性和灵活性使决策支持系统不仅是一个静态的数据展示平台，还是一个与土地变化同步演进的智能工具。

4. 可视化展示与用户友好性

智能决策支持系统通过可视化展示，使土地数据更易于理解。大数据技术能够将复杂的数据通过图表、地图等形式直观呈现，使决策者可以直观地看到土地利用的状况。用户友好的界面和交互设计使决策者能够轻松地获取所需信息，并进行查询和比较。这种可视化展示和用户友好性极大提高了土地数据的沟通效果，使决策者能够更加深入地理解土地数据，作出更明智的决策。

(二) 系统利用算法和模型为决策者提供个性化、实时的土地管理建议

智能决策支持系统在土地管理中的应用不仅是为了呈现庞大的土地数据，还是为了通过算法和模型为决策者提供个性化、实时的土地管理

建议。这种智能化的决策支持系统在推动土地管理的科学化和高效化方面发挥着关键作用。本部分将深入探讨这些系统如何利用算法和模型为决策者提供个性化、实时的土地管理建议，并以此实现更智能、可持续的土地管理。

1. 算法在个性化建议中的应用

智能决策支持系统的个性化建议首先得益于先进的算法。通过数据挖掘、机器学习等算法，系统可以分析决策者的过往决策行为、偏好，以及实时的土地数据，从而建立个性化的土地管理模型。这个模型能够考虑决策者的独特需求，对不同决策者提供个性化的土地管理建议。例如，系统可以根据土壤质量、气象数据等向农业决策者推荐最适宜的作物种植方案。

2. 模型在实时建议中的作用

除了算法，模型的应用还是系统实现实时建议的关键。通过构建实时更新的土地利用模型，系统能够及时反映土地的变化，从而为决策者提供基于最新数据的建议。这种实时建议的优势在于能够更快速地适应土地变化和环境变动，使决策者能够在动态的决策环境中作出敏捷、明智的决策。例如，系统可以实时监测降水量，向城市规划者提供洪水风险评估，帮助其采取及时的防洪措施。

3. 个性化与实时性的融合

智能决策支持系统的独特之处在于个性化和实时性的融合。通过将个性化建议和实时建议相结合，系统能够更全面地满足决策者的需求。例如，系统可以根据过去的规划历史和城市发展方向，向城市规划者提供个性化的长期土地利用建议，同时结合实时的交通流量、人口变化等数据，为其在紧急情况下提供实时的应对策略。

4. 优化决策过程与未来展望

综合而言，智能决策支持系统能够通过巧妙地运用算法和模型，为决策者提供个性化、实时的土地管理建议。这不仅优化了决策过程，还为土地管理的科学化和可持续发展提供了有力支持。未来，随着算法和模型的不断创新，期待智能决策支持系统在土地管理领域发挥更大的作用，为全球土地可持续利用作出更为积极的贡献。

第二节　大数据助力土地高效利用管理面临的挑战

　　将大数据应用于土地高效利用管理面临一系列挑战和难题。其中，数据隐私和安全性是首要关切。大数据的广泛应用涉及海量敏感数据的收集和处理，如土地所有权、土地用途等，因此需要确保数据的隐私得到妥善保护，避免泄露和滥用。这需要建立健全的隐私保护机制和高效的安全措施，维护土地数据的安全性。

　　数据的质量和一致性问题也是大数据应用的一大挑战。土地管理涉及多个数据源，包括遥感卫星、GIS 等，这些数据的质量和一致性可能受多方面因数的影响。不同数据集之间的不一致性和错误可能导致不准确的分析和决策，因此确保数据的质量和一致性对土地管理至关重要。

　　技术基础设施是另一值得关注的方面。大数据分析需要强大的计算和存储基础设施，土地管理机构需要更新和维护这些基础设施，以适应不断扩大的数据规模。同时，确保这些基础设施的可持续性和可扩展性也是一项具有挑战的任务。

　　法律和规范也是大数据应用面临的挑战之一。土地管理者需要考虑数据收集、使用和分享的合规性，以应对不断变化的法律和规范环境。随着隐私保护的法规要求趋严，土地管理机构需要时刻关注合规性，并进行相应的调整和改进。

　　人才短缺也是一个亟待解决的问题。大数据技术的应用需要专业的技术人才，包括数据科学家、分析师等。土地管理机构要具备招聘、培训和留住这些专业人才的能力，以确保大数据应用的有效性和可持续性。

　　综合而言，克服这些挑战需要全方位的努力，包括建立健全的数据隐私和安全机制、提升数据质量和一致性、投资先进的技术基础设施、遵循法律和规范、培养和吸引专业人才等。只有综合考虑并解决这些问题，才能更有效地推动大数据在土地高效利用管理中的应用，实现科学、智能的土地管理目标。

一、数据隐私与安全

大数据的应用涉及海量敏感数据的收集、存储和处理，因此隐私和安全问题是首要关切。确保土地数据的隐私性，避免数据泄露和滥用，是一个重要的挑战，土地管理机构应该采取有效的加密、权限控制等手段来保障数据的安全性。在当今数字化时代，土地数据的隐私保护成为土地管理领域不可忽视的挑战。随着大数据技术的广泛应用，土地数据的收集和处理量迅猛增长，此时，加强隐私保护、避免数据泄露和滥用显得尤为重要。

(一)大数据带来的挑战

随着大数据技术的普及，土地管理机构面临更庞大、更复杂的土地数据集。这种情境增加了数据泄露的风险，因为大数据的处理通常涉及多个阶段，涵盖数据采集、存储、传输、分析的全过程。其中每个环节都有可能成为潜在的数据泄露点，导致敏感土地数据暴露。

(二)加密技术的应用

为应对数据泄露的挑战，土地管理机构需要采用强大的加密技术。对存储在数据库或云平台的土地数据进行加密，即使数据不慎泄露，未经授权的用户也难以解读其内容。先进的加密技术可以有效防范数据在传输和存储中的被窃取风险，确保土地数据的机密性。

(三)权限控制的关键性

除了加密技术，权限控制也是确保土地数据隐私性的关键。通过建立严格的权限管理体系，决策者可以根据工作职责和需求向不同用户或用户群体授予不同的数据访问权限。这意味着只有授权人员能够访问和操作敏感土地数据，降低了未经授权访问的风险。权限控制的精细化可以有效避免滥用土地数据的可能性。

（四）监测与教育的结合应对

维护土地数据隐私性不仅依赖技术手段，还需要建立有效的监测机制和开展相关教育。实时监测数据访问和使用情况，及时发现潜在的异常活动，能够防范潜在的数据泄露事件。此外，对工作人员和相关利益方进行隐私保护的培训，能够加强其对数据保密性的认识，进一步降低数据滥用的可能性。

总体而言，确保土地数据的隐私性是土地管理领域面临的一项重要挑战。通过采用加密技术、建立权限控制、实施监测和加强教育等手段，土地管理机构可以更好地应对这一挑战。未来，随着技术的不断进步，期待会有更加创新和智能的数据保护措施出现，为土地数据提供更全面的隐私保障。

二、数据的质量与一致性

大数据应用通常涉及多源、多格式的数据，这些数据的质量和一致性可能会受到影响。不同数据集之间的不一致性和错误可能会导致不准确的分析结果，因此确保数据的质量和一致性是一个关键问题。在土地利用与管理领域，大数据应用通常会涉及多源、多格式的数据，因此数据质量和一致性是至关重要的问题。由于数据的多样性和复杂性，不同数据集之间可能存在不一致性和错误，为确保土地数据的质量和一致性，需要采取一系列有效的措施。

（一）多源数据带来的挑战

大数据应用通常会整合遥感卫星、GIS、传感器网络等多个来源的土地数据。多样性的数据源带来了数据的异构性，不同数据之间的格式、单位、精度等差异可能会导致不一致性。例如，一份数据可能使用不同的坐标系统，或者记录同一地点的信息可能存在差异。这样的差异性对确保数据的一致性和质量提出了挑战。

（二）不一致性对分析结果的影响

数据的不一致性不仅是技术层面的问题，还会直接影响到数据分析的准确性。如果不同数据源之间存在不一致性，那么对这些数据进行分析和建模可能会产生不准确的结果。例如，在土地利用规划中，如果不同数据集对同一地区的土地分类存在不一致性，那么就可能导致规划决策的不准确性，甚至引发资源浪费。

(三)确保数据质量和一致性的方法

为了解决数据质量与一致性问题，可以采取多种方法。首先，建立标准的数据格式和元数据标准，确保不同数据源之间有一致的数据格式和定义。其次，引入数据清洗和预处理技术，对数据进行清理、去重、纠错等处理，提高数据的质量。最后，实施数据质量监控和管理机制，及时发现并纠正数据质量问题，确保数据一致性。

(四)技术创新与未来展望

在解决数据质量与一致性问题方面，技术创新将发挥关键作用。利用先进的数据集成、机器学习等技术，决策者可以更智能地处理多源数据，减少数据不一致的可能性。未来，期待会有更多关于数据质量与一致性的研究及更高效的技术工具出现，为土地管理提供更准确、一致的数据支持。

深刻认识到在大数据应用中确保土地数据的质量和一致性，是一项关键性的任务。只有综合运用标准化、清洗、监控等手段，并借助技术创新，才能克服这些挑战，使土地数据更好地为科学决策和规划提供支持。

三、技术基础设施

大数据分析需要强大的计算和存储基础设施，土地管理机构需要更新和维护这些基础设施，以适应不断扩大的数据规模。此外，确保这些基础设施的可持续性和可扩展性也是一项挑战。在大数据时代，土地管理机构在进行大数据分析时，必须面对强大的计算和存储需求。这要求机构不仅要更新和维护相应的技术基础设施，还要确保这些基础设施的可持续性和可扩展性。

(一)计算基础设施的需求

大数据分析所需的计算基础设施是土地管理机构成功应对数据挑战的

关键。庞大的土地数据集需要高性能的计算机集群，以增加数据处理和分析的速度。先进的数据挖掘、机器学习等技术的应用需要强大的计算能力来应对复杂的模型训练和预测。因此，土地管理机构需要不断更新和升级计算设备，以满足快速增长的数据计算需求。

（二）存储基础设施的挑战

随着土地数据的爆炸性增长，存储大规模数据正在成为一个日益严峻的挑战。土地管理机构需要强大而可靠的数据存储基础设施，以确保数据的安全性和完整性。高效的存储系统和分布式存储架构是必要的，它能够适应不断增加的土地数据量。此外，备份和灾难恢复方案也是不可忽视的，其能够防止数据丢失，确保土地数据的可靠性。

（三）可持续性和可扩展性的考量

技术基础设施的可持续性和可扩展性是土地管理机构面临的另一重要挑战。随着时间的推移，技术设备和系统会逐渐陈旧，需要进行定期的更新和维护。同时，机构需要在不中断正常运作的前提下逐步扩展其技术基础设施，以适应土地数据规模的增长。这要求机构在更新设备和系统时应具备规划和执行的长远眼光，可以确保技术基础设施的持续可用性。

（四）未来技术趋势与发展方向

在应对技术基础设施挑战时，土地管理机构需要关注未来技术趋势和发展方向。例如，云计算和边缘计算等新兴技术可以提供更灵活、高效地计算和存储解决方案。通过这些创新技术，土地管理机构可以更好地应对不断增长的数据需求，更灵活地扩展其技术基础设施，使其保持在科技发展的前沿。

四、法律与规范

大数据应用往往受到法律和规范的限制。土地管理者需要关注数据收集、使用和分享的合规性。随着隐私法规的不断演进，合规性要求可能变得更为严格，这对土地管理的大数据应用提出了新的挑战。在大数据时代，土地管理者在进行大数据应用时，不仅需要面对技术挑战，还必须应对法律和规范方面的限制。

数据合规性是大数据应用中不可忽视的重要问题。土地数据涉及大量的敏感信息，包括土地所有权、土地用途等，因此确保数据的合规性成为保护公民隐私和遵守法规的关键。土地管理者在应用大数据时，需要明确了解并遵循相关法律和规范，以保障数据的合法收集、使用和分享。随着社会对隐私保护意识的提高，隐私法规不断演进，对大数据应用提出了更为严格的要求。土地管理者需要密切关注这些法规的更新和变化，以确保对土地数据的处理符合最新的法律要求。

大数据应用的一个挑战是如何在数据收集和分享过程中保持合规性。土地管理者需要审慎评估数据收集的目的，明确告知数据提供者并取得同意。在数据分享方面，要建立合法的数据共享机制，避免违反隐私法规。合规性不仅是法规遵从，更是建立可信赖的数据管理体系的基础。为应对合规性挑战，土地管理者可以采取一系列策略。首先，制定清晰的数据管理政策，确保所有涉及土地数据的操作都符合法规要求。其次，进行员工培训，加强工作人员对隐私法规的认识，强调数据合规性的重要性。同时，采用先进的数据脱敏和加密技术，最大限度地减少对个人隐私的侵犯。最后，建立监测机制，定期审查和更新数据处理流程，保证合规性一直处于最优状态。

五、人才短缺

大数据技术的应用需要专业的技术人才，包括数据科学家、分析师等。土地管理机构应具备招聘、培训和留住这些专业人才的能力，从而确保大数据应用的有效性和可持续性。大数据技术在土地管理中展现出巨大的潜力，然而要充分发挥这一潜力，土地管理机构必须应对技术人才的挑战。拥有专业的技术人才，如数据科学家和分析师，对成功应用大数据至关重要。

大数据技术的复杂性和多样性要求土地管理机构拥有高度专业化的技

术团队。数据科学家能够处理和分析庞大的土地数据集，分析师能够从中提炼出有价值的信息。这些专业人才能够帮助土地管理者更好地理解土地利用状况，进行科学规划，作出明智的管理决策。招聘合适的专业人才可能是土地管理机构面临的第一个挑战。这些领域的专业人才市场竞争激烈，招聘具有一定难度。为了解决这一难题，土地管理机构可以通过建立战略合作关系、与高校合作、提供有竞争力的薪酬和福利等方式吸引更多的专业人才加入。招聘到专业人才后，土地管理机构还需对这些人才进行大数据领域的培训。随着大数据技术的不断发展，员工需要不断更新知识和技能。为此，土地管理机构可以通过组织内外培训、提供在线学习资源、参与行业研讨会等方式不断提升团队的专业水平。在拥有专业人才后，如何留住他们成为关键问题。由于竞争激烈，专业人才很容易遭到其他机构的"挖墙脚"。为了留住人才，土地管理机构需要建立积极的工作环境，提供晋升机会，制定有竞争力的薪酬体系，关注员工的职业发展需求。此外，优秀的团队文化和激励机制也是留住专业人才的重要手段。

六、社会接受度

大数据的应用可能会引发公众对隐私权的担忧和反感。土地管理机构需要制定透明、可信的数据使用政策，与公众进行有效沟通，提高社会接受度，确保大数据应用的顺利推进。随着大数据技术在土地管理中的广泛应用，公众对隐私权的担忧和反感成为不可忽视的问题。在这一背景下，土地管理机构需要制定透明、可信的数据使用政策，通过有效的沟通机制提高社会对大数据应用的接受度。

公众对大数据应用可能引发的隐私权担忧主要源于个人信息被滥用或泄露。由于土地管理涉及土地所有权、用途规划等敏感信息，公众对这些数据的处理往往表现出更为敏感的态度。此外，部分政府滥用大数据进行监控和侵犯隐私权的行为是公众担忧的重要原因。为缓解公众的隐私权担忧，土地管理机构首先需要建立透明、可信的数据使用政策，包括明确规定数据收集的目的、范围和使用方式，明示个人信息的保护措施。透明的政策能够使公众更加了解土地管理机构的数据处理流程，减轻其对信息被滥用的担忧。透明政策的建立需要与之配套的有效沟通机制。土地管理机构应当积极与公众进行沟通，解释大数据应用的合法性、必要性及保障措施。利用多种渠道，如社交媒体、公共论坛、专题研讨等，与公众建立互动平台，听取他们的意见和反馈。通过主动与其沟通，土地管理机构可以增加公众对大数据应用的了解，提高信任度。

为提高社会对大数据应用的接受度，土地管理机构可以采取一系列策略。首先，加强公众教育，提高大数据应用的科学性和社会价值，使公众更理性地看待相关技术。其次，注重技术的人性化设计，通过简化用户隐私设置、提供更多的数据控制权等方式，提升用户对数据管理的参与感和掌控感。最后，建立独立的监管机构，监督土地管理机构的数据处理行为，确保其符合法规要求，提高公众对数据使用的信任。

第三节　研究的局限性与改进方向

大数据应用于土地高效利用管理的研究虽然取得了显著进展，但仍然面临一些局限性，包括数据隐私与安全、数据的质量和一致性、技术基础设施、法律和规范合规性。针对这些局限性，需要进行一些明确的改进，以促进大数据在土地管理中更加全面、可靠、可持续的应用。

数据隐私问题是大数据应用不可忽视的局限性之一。土地数据涉及敏感信息，因此保护个人隐私至关重要。改进措施为加强数据隐私保护措施，采用先进的加密技术、权限控制机制，确保土地数据的安全性。同时，建立明确的数据使用政策，提高公众对数据使用透明性的认知，提高社会的接受度。数据质量和一致性问题可能导致不准确的分析结果，影响土地管理的决策效果。改进措施为建立更加完善的数据质量控制机制，确保数据的准确性和一致性。此外，推动标准化数据格式的应用，促进多源数据的整合，有助于提高数据的一致性和可比性。技术基础设施是大数据应用的基石，但不断扩大的数据规模可能会对基础设施提出挑战。改进措施为更新和维护计算和存储基础设施。采用云计算等先进技术，提高基础设施的可扩展性和可持续性，以适应不断增长的数据需求。法律和规范的限制也制约了大数据在土地管理中的应用。改进方向为关注数据收集、使用和分享的合规性，密切关注随法规演进而变化的合规性要求，建立合规的数据管理体系，以确保土地管理机构的数据处理符合最新的法律要求。

　　综合而言，克服大数据应用于土地高效利用管理研究的局限性，需要在数据隐私与安全、数据的质量与一致性、技术基础设施、法律和规范合规性等方面进行改进。在这些方向上努力，可以更好地发挥大数据在土地管理中的优势，实现更科学、更可持续的土地利用。大数据应用于土地高效利用管理的研究虽然取得了显著进展，但仍然面临一些局限性。以下从几个方面论述这些局限性，以及可能的改进方向。

一、数据隐私与安全

（一）局限性

　　土地数据往往包含敏感信息，如土地所有权、用途规划等，因此数据隐私问题成为研究的一大限制。公众对个人信息隐私的担忧可能阻碍数据的充分共享和利用。土地数据所涉及的敏感信息，如土地所有权和用途规划等，使数据隐私问题成为大数据应用于土地高效利用管理研究的一大突出限制。公众对个人信息隐私的担忧不仅凸显了隐私保护的紧迫性，还可能成为阻碍数据充分共享和利用的关键因素。

　　在当前信息时代，隐私已成为社会关注的热点问题，尤其是土地数据这种涵盖广泛且敏感度高的领域。公众对自身信息的保护呼声不断高涨，这一担忧可能引起他们对隐私土地数据的抵触情绪，从而影响数据的采集、分享和利用。这种局面在信息共享对科学土地管理至关重要的大数据时代显得尤为突出。

　　为解决这一难题，研究者和土地管理机构需要采取前沿的隐私保护措施。首先是采用先进的加密技术，确保土地数据在采集、传输和存储的全过程得到充分的保护。去标识化处理是另一重要手段，通过剥离个体身份信息，使数据更加难以被还原为具体的个人。此外，应建立更加明确和严格的数据使用政策，对敏感信息的处理制定更具约束力的规范，保障公众的权益。

在社会层面，及时启动广泛的隐私教育和宣传活动，提高公众对隐私保护重要性的认识，缓解其对数据共享的担忧。透明度和信任是关键，土地管理机构需要主动与公众沟通，向其解释数据的合法性、安全性及隐私保护措施，建立互信的关系。

综合而言，前沿的隐私保护措施、技术手段的运用及社会层面的宣传教育，是解决土地数据隐私问题的关键路径。通过这些努力，可以在确保隐私安全的前提下，更好地发挥大数据在土地高效利用管理中的潜力，实现科学、可持续的土地资源管理。

（二）改进方向

采用更加先进的加密技术、去标识化处理等手段，确保土地数据的隐私性。制定明确的数据使用政策，提高公众对数据使用透明性的认知，提高社会的接受度。为解决土地数据隐私问题，可以通过采用更加先进的加密技术、去标识化处理等手段，以及制定明确的数据使用政策，来提高公众对数据使用透明性的认知，增强社会接受度。以下是对这些改进措施的总结。

首先，先进的加密技术是确保土地数据隐私性的重要手段。引入最新的加密技术和安全协议，对土地数据进行加密处理，可以有效防范潜在的数据泄露风险和非法访问。这有助于建立对土地数据安全性的信任，提高公众和相关利益方的满意度。

其次，去标识化处理是另一关键的改进方向。通过去除或替代敏感的个人信息，使数据无法被还原为具体个体，从而保护土地数据的隐私性。这种处理方式在维护数据的同时也降低了对个人隐私侵犯的可能性，是实现隐私与数据利用有效平衡的方法。此外，制定明确的数据使用政策是推动隐私保护的必要措施，包括明确规定哪些数据可以被收集，如何使用和分享数据，以及采取何种措施来保障数据的隐私安全。透明的政策有助于建立对土地数据管理者的信任，同时提供了一个明确的法律框架，为数据的规范使用提供了指导。

最后，提高公众对数据使用透明度的认知，提升社会接受度是实现长期成功的关键。开展广泛的公众教育和宣传活动，解释数据使用的目的、益处及隐私保护措施，可以促使公众更加理性地对待数据使用问题，减少其对隐私泄露的担忧。建立透明和双向的沟通桥梁，有助于形成共识，推动土地数据更广泛、更有效的应用。

二、数据的质量与一致性

（一）局限性

大数据涉及多源、多格式的数据，因此质量和一致性可能会受影响，导致不准确的分析结果。不同数据集之间的不一致性和错误可能会影响土地管理的科学性。大数据在土地高效利用管理中涉及多源、多格式的数据，其质量和一致性问题成为研究的显著局限性。不同数据集之间的不一致性和错误可能导致分析结果不准确，从而影响土地管理的科学性和决策效果。

这一局限性表现在数据的多样性和复杂性上。不同来源的数据可能采用不同的标准和格式，存在数据质量差异。例如，遥感卫星的图像数据与地面传感器的数据可能存在分辨率、采样频率等方面的差异。此外，数据收集的时间点和频率也可能不一致，导致数据在时空上产生不一致性。

这样的不一致性和错误可能在土地管理的各个方面产生负面影响。在土地规划阶段，不准确的数据可能导致规划策略出现偏差，无法全面考虑土地的真实状况。在资源配置和用地变更方面，数据不一致性可能导致资源分配不合理，影响土地利用的整体效益。此外，在预测土地利用变化趋势和构建预测模型时，不一致的数据可能导致模型不准确，影响对未来土地利用的准确预测。

为了克服这一局限性，需要采取一系列的改进措施。首先，建立更为完善的数据质量控制机制，包括数据清洗、去重、纠错等环节，确保数据的准确性和一致性。其次，推动标准化数据格式的应用，促进多源数据的整合，提高数据的一致性和可比性。最后，制定统一的数据采集标准和时间频率，确保数据在时空上的一致性，减少不同数据集之间的差异。

(二)改进方向

建立更完善的数据质量控制机制，确保数据的准确性和一致性。推动标准化数据格式的应用，促进多源数据的整合，提高数据的一致性和可比性。

为解决大数据在土地高效利用管理中可能出现的质量和一致性问题，可采取一系列改进措施，包括建立更完善的数据质量控制机制，推动标准化数据格式的应用。以下是对这些改进措施的总结。

首先，建立更完善的数据质量控制机制。实施数据清洗措施，剔除数据中的异常值、缺失值和错误值，确保数据的干净和完整性。识别和去除重复的数据记录，避免重复计算和分析，提高数据的精确性和可信度。针对可能存在的数据错误，实施纠错手段，包括自动纠错和人工核查，确保数据的准确性。这样的数据质量控制机制有助于从源头上提升数据的准确性和可信度，并为后续的土地管理决策提供更为可靠的数据基础。

其次，推动标准化数据格式的应用，促进多源数据的整合，提高数据的一致性和可比性。制定和实行通用的数据格式和结构，使不同来源的数据能够以统一的标准进行存储和交换。统一元数据的描述规范，确保数据的含义和属性在不同数据集之间保持一致。建立数据整合平台，利用先进的集成技术将多源数据无缝整合，使数据在维度、粒度等方面具备一致性。

三、技术基础设施

(一)局限性

大数据分析需要强大的计算和存储基础设施。土地管理机构可能需要不断更新和维护这些基础设施，以适应不断扩大的数据规模。大数据分析在土地高效利用管理中的一个局限是，它需要强大的计算和存储基础设施的支持。这种要求导致土地管理机构可能需要不断更新和维护这些基础设施，以适应不断扩大的数据规模的挑战。

随着大数据应用的普及，土地管理机构面临着海量、多样化数据的处理需求。这些数据可能包括卫星遥感图像、传感器数据、人口统计信息等，它们规模庞大、种类繁多。要想有效地分析和利用这些数据，就需要强大的计算能力来执行复杂的算法，以获取有意义的结论。存储这些大规模数据也是一个不可忽视的挑战。土地管理机构需要投资大容量、高性能的存储系统，确保其能够有效地存储、检索和管理庞大的数据集，这涉及硬件设备的更新、网络带宽的提升及数据安全性的保障，对基础设施提出了更高的要求。

为了克服这一局限性，土地管理机构可以考虑利用云计算平台，弹性地提供计算和存储资源，根据需求灵活调整，避免对硬件设备的大规模投资和维护。使用专门的数据分析平台，这些平台通常集成了强大的计算和存储功能，为土地管理机构提供了更便捷、高效的大数据分析环境。采用先进的数据压缩和优化技术，缩小数据体积，降低存储和传输成本。与其他相关机构合作，共享计算和存储资源，实现资源的互补和优化利用，减轻单一机构的负担。

（二）改进方向

引入云计算等先进技术，提高基础设施的可扩展性和可持续性。建立灵活的数据存储和处理系统，适应未来数据量的增长，降低运营成本。针对大数据分析需要强大的计算和存储基础设施的局限性，引入云计算等先进技术来提高基础设施的可扩展性和可持续性是一种关键的改进措施。此外，建立灵活的数据存储和处理系统，降低运营成本也是至关重要的。以下是对这些改进措施的总结：

首先，引入云计算等先进技术是解决大数据基础设施挑战的一项主要举措。云计算平台可以提供灵活的计算和存储资源，根据需求进行弹性调整，避免土地管理机构过度依赖本地硬件设备。通过云服务，机构可以更加灵活地应对数据处理需求的波动，提高基础设施的可扩展性。同时，云计算的付费模式也有助于降低初始投资，更为经济高效。

其次，建立灵活的数据存储和处理系统是改进基础设施的关键一环，包括采用高性能、可扩展的存储解决方案，确保对大规模数据的高效存取。同时，建立弹性的数据处理系统，满足不同类型数据的处理需求，并随着数据量的增加灵活扩展。这样的系统设计有助于提高土地管理机构对未来数据量增长的适应性，以避免在硬件方面的过度投资。

最后，降低运营成本也是改进基础设施的重要目标。通过云计算的资源共享和弹性调整，机构能够更有效地利用资源，减少不必要的硬件和设备维护成本。此外，采用先进的数据存储和处理技术，如数据压缩、智能存储管理等，也有助于提高资源利用率，进一步减少运营成本。

四、法律和规范合规性

(一)局限性

大数据应用往往受法律和规范的限制。土地管理者需要关注数据收集、使用和分享的合规性，随着隐私法规的不断演进，合规性的要求可能变得更为严格。大数据在土地高效利用管理中的应用受到法律和规范的限制。

在大数据时代，隐私和数据安全成为社会和法律关注的焦点。土地管理者在收集、使用和分享大数据时，必须确保其行为符合相关法规和规范。不同地区和国家可能制定不同的隐私法规，涉及数据的采集、存储、处理和共享等方面，土地管理者需遵循相应的法规，以保障个体的隐私权和数据安全。随着时间的推移，法律和规范可能会发生变化，变得更为严格和复杂。土地管理者需要不断更新自己的数据管理政策，确保其操作方式与最新的法规要求相符。这可能需要进行定期的法律审查，以适应不断变化的法规环境。

(二)改进方向

大数据技术在土地高效利用管理领域的广泛应用无疑为提升土地资源管理效能开辟了新路径，但其伴随的法律和规范合规性挑战也不容小觑。全面合规的数据管理体系不仅是保障数据安全、维护个人隐私的坚固防线，还是确保土地管理机构数据处理活动合法合规、避免法律风险的关键所在。以下是对这些改进措施的总结。

首先，加强数据隐私保护力度是基础。必须建立严格的数据访问权限控制机制，确保只有经过授权的人员才能访问敏感数据。同时，采用先进的加密技术，对存储和传输的数据进行加密处理，防止出现数据泄露。此外，还应定期对数据隐私保护政策进行审查和更新，确保其与最新的法律法规保持一致。

其次，不断更新和完善数据使用政策是要点。土地管理机构应明确数据收集、存储、处理和共享的具体规定，确保数据使用的合法性和合规性。同时，建立数据使用审批流程，对涉及敏感数据的操作进行严格的审批和监控。此外，还应加强与相关部门的沟通与合作，共同推动数据使用政策的完善。

最后，积极参与相关法律法规的制定与修订是保障。土地管理机构应主动与相关立法机构沟通，提出自己的意见和建议，推动相关法律法规的完善。同时，密切关注法律法规的变化，及时调整数据管理体系，确保其合规性。推动跨部门合作与信息共享是提升效率的关键。土地管理机构应加强与其他政府部门的合作与沟通，建立信息共享机制，实现数据的互通互联。通过共享数据资源，打破信息"孤岛"，提高规划决策的科学性和效率。提高公众参与度是增强规划民主性的有效途径。土地管理机构应建立公众参与机制，鼓励公众对土地利用规划提出意见和建议，通过公开规划信息、举行听证会等方式，加强公众对规划的参与和监督，使土地利用更加符合公众的需求和期望。

参考文献

［1］阿尔多·罗西. 城市建筑学［M］. 黄士钧，译. 北京：中国建筑工业出版社，2006.

［2］鲍家伟. 实施人地挂钩促进农民工融入城镇［J］. 宏观经济管理，2015（11）：63-65.

［3］鲍新中，刘澄，刘建斌. 城市土地利用效率的综合评级［J］. 城市问题，2009（4）：46-50.

［4］曹连云. 地籍测绘在土地资源管理中的影响及其应用分析［J］. 低碳世界，2022（5）：175-177.

［5］曹茂春，齐雄，金毅. 智慧城市的探讨与实践［J］. 智能建筑与城市信息，2013（8）：94-100.

［6］曹宁一. 测绘技术在土地管理中的应用研究［J］. 中国高新科技，2022（24）：142-144.

［7］陈成，杨栋滉，李亚强，等. 基于无人机遥感技术的玉米长势监测研究［J］. 湖北农业科学，2022（20）：179-181+210.

［8］陈谦，杨涵，王宝刚，等. 基于 GRU 神经网络模型的冷链运输温度时序预测［J］. 农业大数据学报，2022（1）：82-88.

［9］程晟. 新形势下测绘技术在土地工程管理中的应用研究［J］. 城市建设理论研究（电子版），2023（22）：178-180.

［10］党元初. 河南省农业水价形成机制及农田智能灌溉控制系统研究［D］. 郑州：华北水利水电大学，2022.

［11］邓浩，宋峰，蔡海英. 城市肌理与可步行性：城市步行空间基本特征的形态学解读［J］. 建筑学报，2013（6）：8-13.

［12］邓科. 测绘技术在土地资源管理与农业发展中的支持作用研究［J］.

工程与建设，2023(6)：1697-1698+1764.

[13]邓忠军，李发红，底玲晓，等. 山南市自然资源服务专题应用系统的设计与实现[J]. 测绘技术装备，2023(3)：164-167.

[14]丁玉晶. 测绘技术在农村土地管理中的应用[J]. 农业工程技术，2023(29)：35-36.

[15]董洋洋，严正伟，陶懋，等. 江苏省自然资源"慧眼守土"监测监管平台设计与应用[J]. 信息化研究，2022(6)：64-71.

[16]段进. 城市空间发展论[M]. 南京：江苏科学技术出版社，2006.

[17]段进，兰文龙，邵润清. 从"设计导向"到"管控导向"：关于我国城市设计技术规范化的思考[J]. 城市规划，2017(6)：67-72.

[18]樊帆. 试论土地流转与农业生产结构调整的关系[J]. 农林经济管理学报，2002(3)：30-33.

[19]高妍. 3S 技术在土地资源管理中的应用与发展[J]. 华北自然资源，2021(2)：58-59.

[20]桂芳群. 测绘技术在土地资源管理中的应用探析[J]. 智能城市，2020(7)：122-123.

[21]郭锋，张舰. 山西加快构建自然资源调查监测体系建设三维立体时空数据库和管理系统[J]. 华北自然资源，2023(4)：161.

[22]郭红英. 3S 技术在土地利用规划中的应用[J]. 新探索，2013(3)：30-33.

[23]郭文，马梦梦，孙培彦. 基于 Sentinel-1A 数据和 BP 神经网络的裸露地表土壤含水量反演研究[J]. 中国农村水利水电，2023(1)：89-94.

[24]韩春源，刘宝，崔晨炜，等. 南京市"街区制"建设面临的问题与对策建议[J]. 现代城市研究，2017(8)：130-132.

[25]韩冬青. 设计城市：从形态理解到形态设计[J]. 建筑师，2013(4)：60-65.

[26]韩冬青，宋亚程，葛欣，等. 西方城镇街区形态研究评述[J]. 城市建筑，2016(8)：15-20.

[27]侯显达，曾浩星，刘书田，等. 熵权属性识别模型在不同利用方式下耕地土壤中 POPs 评价中的应用[J]. 南宁师范大学学报(自然科学

版），2019（3）：89-93.

［28］冀汶莉，王佳豪，王新伟. 基于 LoRa 的农业大田土壤多参数监测系统设计［J］. 无线电工程，2023（2）：456-464.

［29］冀增胜. 浅析"3S"技术在土地资源管理中的应用进展［J］. 农业开发与装备，2022（1）：106-108.

［30］姜俊狄，柳寅峰. 正射影像与点云数据融合在数字水利中的应用［J］. 科技创新与应用，2023（11）：164-167.

［31］康泽恩. 城镇平面格局分析：诺森伯兰郡安尼克案例研究［M］. 宋峰，译. 北京：中国建筑工业出版社，2011.

［32］李冰清，王占岐，金贵. 新农村建设背景下的土地整治项目绩效评价［J］. 中国土地科学，2015（3）：68-74.

［33］李国钊. 基于 ArcGIS 的农村土地利用规划方法分析［J］. 四川水泥，2023（1）：55-57.

［34］李利番，白航. 广东省土地整治监测监管系统设计研究叽地理空间信息［J］. 2021（8）：19-22.

［35］李林. "紧凑"与"集约"的并置比较：再探中国城市土地可持续利用研究的新思路［J］. 城市规划，2006（10）：19-24.

［36］李善同，吴三忙，高春亮. 中国城市化速度预测分析［J］. 发展研究，2017（11）：19-22.

［37］李锁刚. 浅析 3S 技术在土地资源管理中的应用［J］. 南方农机，2021（12）：108-109+114.

［38］李万歆，洪露. 3S 技术在村土地利用规划中的应用［J］. 科技创新与应用，2021（9）：183-185.

［39］李潇. 土地规模流转的效应分析：关于吉林省汪清县红日村的调查［D］. 重庆：西南大学，2012.

［40］李秀彬，赵宇鸾. 森林转型、农地边际化与生态恢复［J］. 中国人口·资源与环境，2011（10）：91-95.

［41］梁江，孙辉. 模式与动因：中国城市中心区的形态演变［M］. 北京：中国建筑工业出版社，2007.

［42］梁瑞华，王欣鑫. 基于大数据快速建设背景下的农产品物流优化［J］.

企业观察家，2022（4）：58-61.

[43]廖玉佳，蒋励，张杨. 基于物联网的智慧土地管护系统设计与实现[J]. 物联网技术，2023（3）：150-152.

[44]刘嘉茵. 东莞市自然资源政务信息融合一体化业务系统建设技术研究[J]. 测绘与空间地理信息，2023（8）：160-163.

[45]刘靓葳. 人工智能算法在农业机械发展中的应用研究[J]. 南方农机，2022（18）：70-72.

[46]刘倩，李乐乐，薛心如，等. 基于主成分分析法浅谈电商助农发展[J]. 河北农机，2022（3）：88-90+93.

[47]刘英，朱雅玲，祝琪雅，等. 农村土地综合整治中土地流转存在的问题及建议[J]. 现代农业科技，2011（13）：389-399.

[48]龙花楼. 论土地利用转型与乡村转型发展[J]. 地理科学进展，2012（2）：131-138.

[49]龙瀛，毛其智. 城市规划大数据理论与方法[M]. 北京：中国建筑工业出版社，2019.

[50]吕志群，李杨，刘克宝，等. 基于 MODIS 的黑龙江省耕地作物长势监测[J]. 现代农机，2023（3）：64-66.

[51]马贵发，李建. 以土地流转推进产业结构调整的思考[J]. 云南农业，2011（10）：49-50.

[52]曲冰，马婕. 以史为鉴：欧洲城市街区形态发展对未来街区设计的启示[J]. 建筑与文化，2017（9）：112-115.

[53]宋亚程，葛欣，韩冬青. 西方城市街区的形态表述方法综述[J]. 新建筑，2018（1）：144-149.

[54]宋亚程，韩冬青，张烨. 南京城市街区形态的层级结构表述初探[J]. 建筑学报，2018（8）：34-39.

[55]孙宁，郝梦茹. BIM 技术在水利工程设计中的应用初探[J]. 居舍，2022（5）：106-108.

[56]陶海涛. 分析测绘技术在土地资源管理中的应用价值[J]. 农村经济与科技，2021（2）：26-27.

[57]陶化冰. 农业大数据技术的特点及应用[J]. 吉林农业，2017（10）：40.

[58]天科，靳利飞. 从要素管控到系统治理：转型逻辑下的省级自然资源规划叭干旱区资源与环境[J]. 2023(1)：1-8.

[59]仝芮宁. 基于多目标线性规划的濮阳市土地利用优化分析[J]. 国土与自然资源研究，2023(3)：13-17.

[60]汪鸣. 资源整合在于创造新价值[J]. 物流时代，2015(12)：18.

[61]汪睿，张彧. 以史为鉴：类型形态学视角下的街区尺度演变研究[J]. 现代城市研究，2018(10)：75-79.

[62]汪细伍. 论我国农业产业结构的调整与优化发展[D]. 长沙：湖南大学，2003.

[63]王春磊，张兴. 自然资源规划监测评估信息管理系统设计[J]. 自然资源信息化，2023(6)：26-31.

[64]王东亮. 现代测绘技术在农业土地管理中的应用[J]. 农业工程技术，2022(21)：56-57.

[65]王芳，唐云凯，韩雨欣. 基于SSM的助农荞麦推广短视频网站开发[J]. 电脑知识与技术，2022(31)：103-106.

[66]王锋. 关于加快实施"人地挂钩"政策的初步思考[J]. 资源导刊：河南，2011(12)：18.

[67]王华，李雯雯，牛继强，等. 基于人工神经网络的模糊宗地地价评估模型研究[J]. 信阳师范学院报(自然科学版)，2019(1)：76-82.

[68]王家庭，陈天烨，冯树. 改革视角下中国新型城镇化红利及其释放路径[J]. 区域经济评论，2015(3)：149-154.

[69]王建国. 基于人机互动的数字化城市设计：城市设计第四代范型刍议[J]. 国际城市规划，2018(1)：1-5.

[70]王建国，张愚. 基于用地开发强度决策支持系统的大尺度城市空间形态优化控制[J]. 中国科学：科学技术，2016(6)：633-642.

[71]王峤，臧鑫宇. 城市街区制的起源、特征与规划适应性策略研究[J]. 城市规划，2018(8)：127-134.

[72]王金河，张玲梅. 传统农业数字化转型应对策略研究[J]. 聊城大学学报(社会科学版)，2023(2)：67-74.

[73]王俊. 测绘地理信息技术在城市土地规划和管理中的应用探讨[J].

地下水, 2022(4): 130-131.

[74]王葵, 宋建中. 测绘技术在土地资源管理中的应用研究[J]. 科技创新与应用, 2022(10): 193-196.

[75]王仑, 张玉山, 赵璞, 等. 自然资源调查质量检测管理系统设计研究[J]. 电脑与信息技术, 2023(6): 62-65.

[76]王群, 王万茂, 金雯. 中国城市土地集约利用研究中的新观点和新方法: 综述与展望[J]. 中国人口·资源与环境, 2017(5): 95-100.

[77]王淑芳. 大数据在农业生产中的应用[J]. 新农业, 2023(5): 92-93.

[78]王韦韦, 李俊, 王晴晴, 等. 耕作土壤沟形测量系统设计与试验[J]. 农业机械学报, 2019(7): 93-99.

[79]王喜, 陈常优, 谢申申. 基于行为与结果的土地整治项目绩效评价研究[J]. 地理与地理信息科学, 2014(6): 88-93.

[80]王振中. "3S"技术集成及其在土地管理中的应用[J]. 测绘科学, 2005(4): 62-64.

[81]吴才聪, 陈瑛, 杨卫中, 等. 基于北斗的农机作业大数据系统构建[J]. 农业工程学报, 2022(5): 1-8.

[82]吴恩融. 高密度城市设计: 实现社会与环境的可持续发展[M]. 叶齐茂, 倪晓晖, 译. 北京: 中国建筑工业出版社, 2014.

[83]吴卓葵, 杨晓凯, 李富龙, 等. 基于大数据的生鲜农产品配送监测预警系统[J]. 自动化与仪器仪表, 2022(7): 166-169.

[84]武绍璋, 孙庆文. 大数据时代依靠电商带动偏远地区农产品销售路径研究[J]. 营销界, 2022(23): 100-102.

[85]夏超, 齐宁林, 王锐. 国土空间生态修复监管信息化探索与实践[J]. 规划师, 2021(22): 55-59.

[86]夏俊勇. 自走式小麦联合收割机智能化技术应用研究[J]. 河北农机, 2023(3): 4-6.

[87]谢郁华. 基于云平台的玉米精准播种决策系统设计[D]. 南京: 南京农业大学, 2020.

[88]杨保军. 关于开放街区的讨论[J]. 城市规划, 2016(12): 113-117.

[89]杨俊宴. 城市空间形态分区的理论建构与实践探索[J]. 城市规

划，2017(3)：41-51.

[90]杨俊宴. 全数字化城市设计的理论范式探索[J]. 国际城市规划，2018(1)：7-21.

[91]易大林. 现代化联合测绘技术在陕西西咸新区沣东新城土地资源调查中的应用[J]. 科技创新与应用，2022(7)：170-172.

[92]尹国庆. 国土空间规划体系下的国土综合整治与生态修复机制探讨[J]. 工程技术研究，2022(13)：268-270.

[93]张大文. 新经济条件下资源整合模式探索[D]. 成都：西南财经大学，2002.

[94]张建喜，赵培英，毕然. 基于大数据技术的农产品物流管理研究[J]. 农机化研究，2022(11)：216-220.

[95]张开京，何帅帅，贾利，等. 黄瓜 DIR 家族基因的全基因组鉴定及其表达分析[J]. 中国农业科学，2023(4)：711-728.

[96]张莉. 基于 SWOT 分析订单农业发展现状及对策思考：以"数字粮仓"产销对接模式为例[J]. 热带农业工程，2021(1)：58-60.

[97]张鹏，胡守庚，杨剩富，等. 基于多源数据和集成学习的城市住宅地价分布模拟——以武汉市为例[J]. 地理科学进展，2021(10)：1664-1677.

[98]张黔川. 无人机 RTK 测绘技术在农业生产中的应用[J]. 南方农机，2023(10)：62-64.

[99]张茜，田乙慧，肖文，等. 大数据在农产品冷链物流中的应用[J]. 农业大数据学报，2022(1)：55-61.

[100]张庶，金晓斌，魏东岳，等. 土地整治项目绩效评价指标设置和测度方法研究综述[J]. 中国土地科学，2014(7)：90-96.

[101]张愚，王建国. 城市高度形态的相似参照逻辑与模拟[J]. 新建筑，2016(6)：48-52.

[102]张治东，李禄胜. 传统农业思想及其现代生态价值[J]. 农业经济，2023(2)：10-12.

[103]赵鼎杰. 基于自然资源卫片的执法监察系统设计与实现[J]. 经纬天地，2023(5)：9-12.

[104]赵小风，黄贤金，陈逸，等. 城市土地集约利用研究进展[J].

自然资源学报，2010(11)：1979-1996.

[105]赵小风，楼佳俊，黄贤金，等. 城市土地利用效率进展[J]. 现代城市研究，2017(6)：2-8.

[106]中共中央国务院关于实施乡村振兴战略的意见[N]. 人民日报，2018-02-05(1).

[107]钟佳荟，王奥阳，岳心想，等. 基于 Air724UG 的远程土壤参数监测系统[J]. 电脑知识与技术，2022(24)：119-120，123.

[108]周传华. 测绘技术在土地管理中的应用研究[J]. 中国管理信息化，2020(10)：207-208.

[109]周达. 农机收获作业参数化路径生成方法[J]. 农业工程，2022(12)：13-21.

[110]周庆. 农业现代化进程中农村土地流转经营思考[J]. 湖南农业大学学报(社会科学版)，2005(2)：17-19.

[111]周蓉蓉，陈栋，刘思远. 基于 K 均值聚类算法的生鲜运输路径优化模型[J]. 农业大数据学报，2022(1)：89-97.

[112]周宇韬，彭一辉. 对农业大数据应用的思考与建议[J]. 新农村，2023(5)：14-15.

[113]周钰. 街道界面密度与城市形态的规划控制[J]. 城市规划，2012(6)：28-32.

[114]周钰，吴柏华，甘伟，等. 街道界面形态量化测度方法研究综述[J]. 南方建筑，2016(8)：15-20.

[115]周媛. 三权分置背景下农村土地改革问题研究：基于地租理论视角的分析[J]. 西部财会，2020(10)：53-55.

[116]周志华. 机器学习[M]. 北京：清华大学出版社，2016.